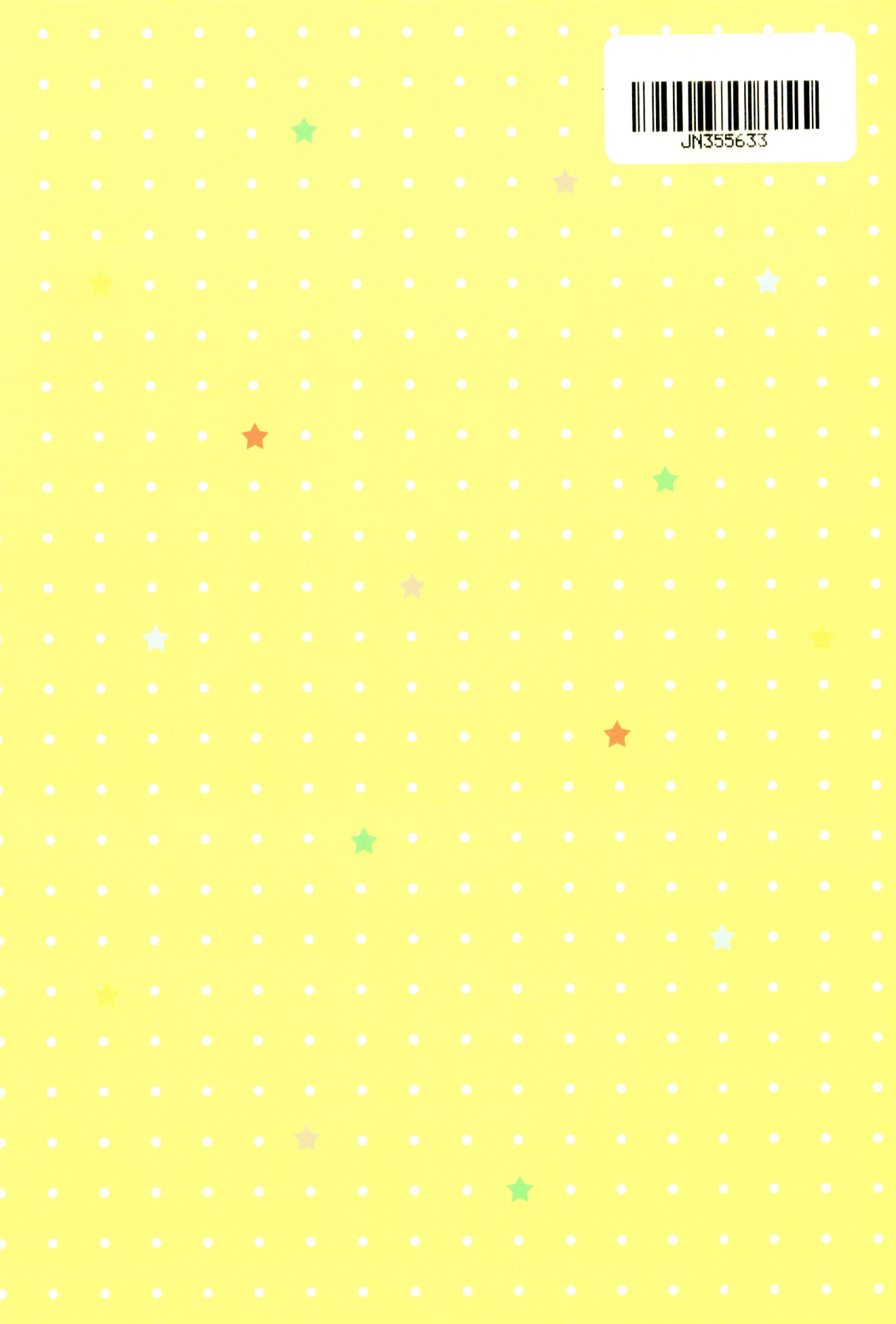

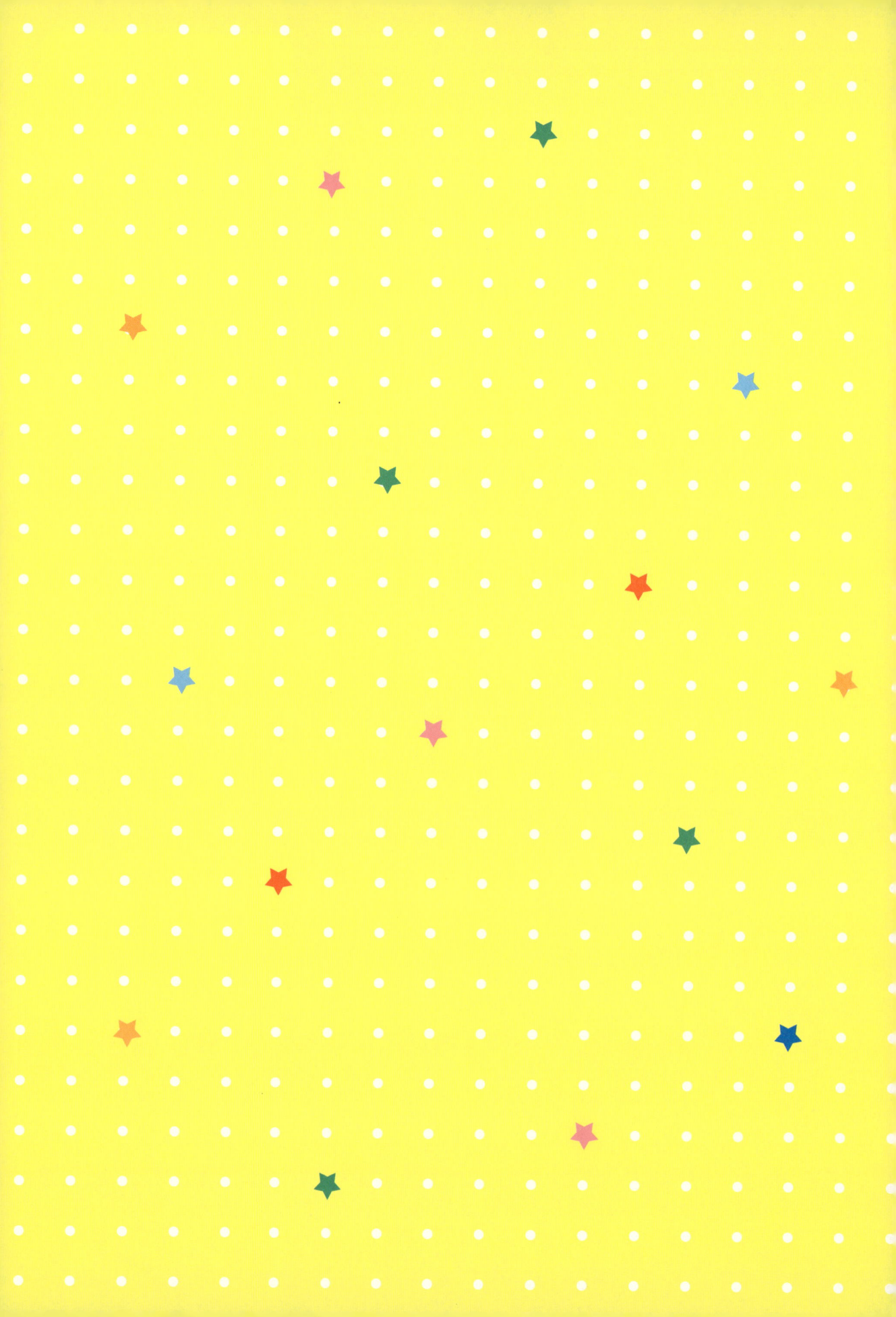

맞춤법 고수 대작전

풀꽃선생님과 함께하는

맞춤법 시리즈

맞춤법 고수 대작전

1단계

김수은(풀꽃선생님) 지음

그린애플

> **학부모님께** 받아쓰기를 하기 전에 꼭 읽어 주세요!

1. 한글을 어느 정도 익혔다면, 받아쓰기는 필수예요.

아이들은 '나의, 예쁘게, -예요' 같은 조사나 어미를 많이 헷갈려 해요. 그게 당연하지요. 배운 경험이 없으니까요. 한글을 배울 때 주로 명사나 동사 위주로 배우잖아요. 특히 조사 '~의'는 대부분의 한글 교재에서 따로 다루지 않아 성인이 되어서도 틀리는 경우가 많아요.

아이가 한글을 어느 정도 익힌 시점부터는 다양한 어미와 조사를 익힐 수 있도록 도와야 해요. 책을 많이 읽는 것도 도움 되지만 이 방법은 시간이 오래 걸리고, 언어 감각이 부족한 아이에게는 큰 효과를 기대하기 어려워요. 반면, 받아쓰기는 연습하는 과정에서 글을 읽고, 쓰고, 듣는 모든 과정이 수반되기 때문에 단기간에 훨씬 효과적으로 글을 익힐 수 있답니다.

```
ㄱ : 가지
ㄴ : 나비
ㄷ : 달리다 ….
```
한글 교재에서 배우는 내용

엄마한태   그레서   하고십어요.
         그런대   맛있다.

학생들이 잘 틀리는 낱말

2. 쉬운 맞춤법 설명을 곁들이면 금상첨화!

이 책은 '연음현상'이니, 'ㄹ 첨가'와 같은 어려운 맞춤법을 알려 주지 않아요. 대신 '안'과 '않'처럼 자주 헷갈리는 표현을, 언제 써야 하는지 간단한 규칙을 알려 주죠.

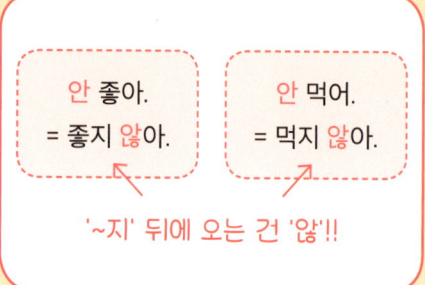

이렇게 1학년도 이해할 만한 규칙 설명과 함께 받아쓰기로 예문을 공부하면 누구나 쉽게 맞춤법을 익힐 수 있어요.

맞춤법만 제대로 써도 글의 신뢰도가 올라가잖아요. SNS의 발달로 내 생각을 글로 표현할 일이 더욱 많아진 요즘, 맞춤법은 내 말에 힘을 싣는 무기가 되어줄 거예요.

3. 맞춤법보다 중요한 건 노출!

철수(은 / 는) 학교에 간다.

한국인이라면, 위 문제의 정답을 어렵지 않게 맞힐 수 있어요. 그 이유를 정확히 알지 못해도요. 그건 한국에 살면서 '은'과 '는'을 사용하는 문장을 많이 읽었고, 썼고, 말하고, 들었기 때문이에요.

저는 아이들이 맞춤법을 달달 외우기를 바라지 않아요. 다양한 예시를 통해 바르게 쓴 글을 많이 접하기를 바란답니다. 그래서 이 책은 받아쓰기를 통해 많이 듣고 말하고, 쓰고 읽을 수 있도록 구성했어요. 맞춤법은 좀 더 효율적으로 공부하게 만드는 도구일 뿐, 결국 글을 많이 노출하는 것이 중요하다는 점을 이해하고 이 책을 활용해 주세요!

4. 아이들의 학습 태도를 결정짓는, 부모님의 관심!

이 책은 자기주도학습이 가능하도록 만들어졌어요. 그러나 아이들을 '열심히' 하도록 만드는 데는 부모의 관심이 필요해요. 부모님께서는 아이가 받아쓰기를 공부할 때 진지한 태도로 임하는지 꼭 지켜봐 주세요. 받아쓰기 결과가 좋다면 치켜세워 주며 함께 기뻐해 주시고, 좋지 않더라도 노력한 과정을 인정하고 따뜻하게 격려해 주세요. 또 이 책에서 따로 받아쓰기를 불러 주기도 하지만, 아이가 가장 좋아하는 건 바로 부모님의 목소리예요. 만약 아이가 학습 동기가 낮다면, 처음엔 부모님께서 직접 받아쓰기를 불러 주세요. 아이가 학습을 대하는 태도가 바뀔 거예요.

이 책은 쉽게 뚝딱 만들어지지 않았어요. 수년간 학교에서 맞춤법을 가르치면서 아이들이 쉽게 이해하는 방법을 연구했고, 방과 후에도, 방학 중에도 몇 번이나 아이들을 가르치면서 아이들의 반응을 확인했어요. 아이들이 조금이라도 설명을 이해하지 못하면 설명 방식을 바꾸거나, 어려운 문장은 고치고 또 반응을 확인했지요.

받아쓰기 예문 하나도 허투루 쓰지 않았어요. 국어사전의 예문을 살펴보고, 책과 신문 기사를 읽으며 배움에 효과적인 문장, 마음이 따뜻해지는 문장, 아이들이 소소하게 웃을 수 있는 문장을 고르고 골랐어요. 아이들은 짧은 문장 하나에 영향을 받기도 하니까요. 문장 하나를 쓰는 데 한 시간이 걸리기도 했답니다.

더군다나 출판사에서 어벤져스라고 불리는 실력 있는 편집팀과 함께 머리를 맞대고 책을 만들었기에 저는 이 책의 효과가 분명할 거라고 자신해요. 이 책이 진심으로 아이들에게 큰 도움이 되기를 바랍니다.

이 책의 설화

어느 깊은 숲 속, 아기 정령들이 모인 학교가 있었어.

기역이, 니은이, 디귿이는 맞춤법을 자주 틀려 매일같이 친구들의 놀림을 받았지.

등장 인물

껄껄껄.
내가 누구냐고?!

맞춤법 도사

어린이들의 일기장과 독후감을 집요하게 분석했다!
어린이들이 자주 틀리는 글자들을 완벽 파악한 맞춤법 도사!
수년간 제자들을 양성하며 갈고닦은 비법으로
맞춤법을 누구보다 쉽게 가르쳐 준다.

"이 책에 나온 맞춤법을 모두 익히면
웬만한 글자는 틀리지 않을 거란다."

"모두 나만 믿고 따라와~!"

도사님의 세 제자

긍정왕 기역이

밝고 활달한
한글 정령 기역이!

긍정적인 말을 해 주어 친구들이 한글 공부를 기분 좋게 할 수 있도록 돕는다.

노력파 니은이

성실의 아이콘
니은이!

매일 틀린 것을 복습하면서 성장하는 모습을 즐긴다.

따뜻한 디귿이

친구에게 힘이 되어 주는
한글 정령 디귿이!

언제나 친구를 응원하고 위로와 격려의 말을 건네는 따뜻한 마음을 가졌다.

이 책의 특징

1. 자기주도학습이 가능하다고?

바쁜 부모님께서 도와줄 수 없어도 괜찮아요. 이 책은 학생이 스스로 공부할 수 있도록 만들어졌어요. 맞춤법 도사님의 쉽고 재미있는 설명과 퀴즈를 따라가다 보면 어느새 여러분도 맞춤법 고수가 되어 있을 거예요!

만화 같은 구성으로 아이들의 집중도 UP!

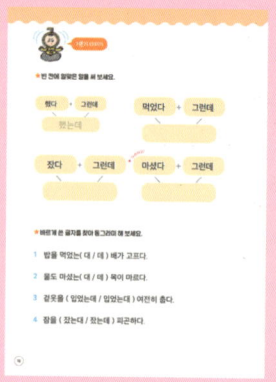

직관적인 맞춤법 설명

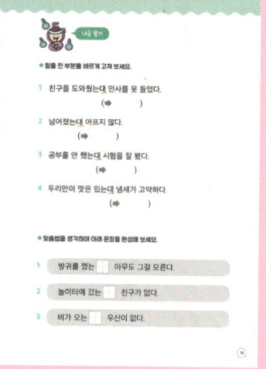

퀴즈로 재미있게 연습하자!

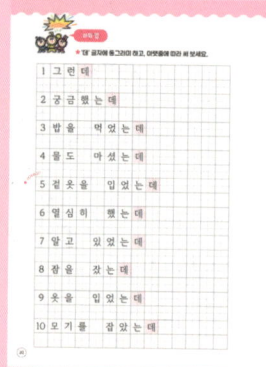

예문만 봐도 규칙 파악 가능!

2. 체계적인 3단계 훈련!

1단계 - 이 책으로 맞춤법을 공부하기
2단계 - 부록을 활용하여 받아쓰기 하기
3단계 - 레벨테스트와 마인드맵으로 완벽하게 마무리!

풀꽃 선생님이 직접
받아쓰기를 불러 준답니다.
QR 코드를 찍어 보세요!

실전 받아쓰기,
오답노트까지 한번에!

메타인지를 강화해 줄
오답노트!

3 틀려도 괜찮아. 자존감 지킴이!

틀리면 어쩌지? 너무 걱정하지 마세요. 원래 맞춤법은 실수하고 틀리면서 배우는 거거든요. 오답노트에 기록하면서 한 번 더 기억하면 돼요. 틀렸던 문제는 더 오래 기억에 남으니 오히려 행운이에요. 잘하지 못해도 노력하는 것 자체가 큰 배움이라는 걸 꼭 기억해 주세요. 함께 공부할 정령들이 여러분을 응원하고 격려해 줄 거예요!

차례

학부모님께
이 책의 설화
이 책의 특징

Lv 1 알면 쉬운 모음

DAY 1	그런대	그런대 vs 그런데	17
DAY 2	치킨 나온데	나온데 vs 나온대	21
DAY 3	뭐에요	에요 vs 예요	25
DAY 4	이예요	이예요 vs 이에요	29
DAY 5	제1회 받아쓰기 레벨테스트		33

Lv 2 알면 쉬운 받침

DAY 6	감사합니다	합니다 vs 합니다	37
DAY 7	않 했다	않 vs 안	41
DAY 8	있어다	있어다 vs 있었다	45
DAY 9	어떻해	어떻해 vs 어떡해	49
DAY 10	제2회 받아쓰기 레벨테스트		53

Lv 3 헷갈리는 모음

DAY 11	베게	베게 vs 베개	57
DAY 12	멋지개	멋지개 vs 멋지게	61
DAY 13	안 되	되 vs 돼	65
DAY 14	~에	에 vs 의	69
DAY 15	제3회 받아쓰기 레벨테스트		73

Lv 4 외워야 하는 받침

DAY 16	깍두기	깎두기 vs 깍두기	77
DAY 17	싶어요	싶어요 vs 십어요	81
DAY 18	돋자리	돋자리 vs 돗자리	85
DAY 19	낳아	낳아 vs 나아	89
DAY 20	제4회 받아쓰기 레벨테스트		93

Lv 5 외워야 하는 모음

DAY 21	지네세요	지네세요 vs 지내세요	97
DAY 22	웬지	웬지 vs 왠지	101
DAY 23	얘들아	애들아 vs 얘들아	105
DAY 24	갠찮아	갠찮아 vs 괜찮아	109
DAY 25	제5회 받아쓰기 레벨테스트		113

Lv 6 넘어야 할 관문

DAY 26	단위 띄어쓰기	천원 vs 천 원	117
DAY 27	안 / 못 띄어쓰기	안놀아 vs 안 놀아	121
DAY 28	소리가 비슷한 낱말	맞히다 vs 맞추다	125
DAY 29	문장부호	엄마 vs 엄마,	129
DAY 30	제6회 받아쓰기 레벨테스트		133

정답 ····· 136

부록 - 받아쓰기 노트
　　　학습 인증판, 고수 인증서

Lv 1 알면 쉬운 모음

DAY 1 그런대 vs 그런데

DAY 2 나온데 vs 나온대

DAY 3 에요 vs 예요

DAY 4 이예요 vs 이에요

오늘의 맞춤법

그런대 VS 그런데

★ 아래에서 틀린 글자를 바르게 고쳐 보세요.

분명 밥을 먹었는대 → 데 배가 고프다.

는대 ➡

맞춤법 팁

'그런데'의 뜻을 가지는 낱말은
'ㅔ' 모음을 써요

먹었다. + 그런데 ➡ 먹었는데
마셨다. + 그런데 ➡ 마셨는데
했다. + 그런데 ➡ 했는데

예시 분명 밥을 먹었다. 그런데 배가 고프다.

분명 밥을 먹었는데 배가 고프다.

기본기 다지기

★ 빈 칸에 알맞은 말을 써 보세요.

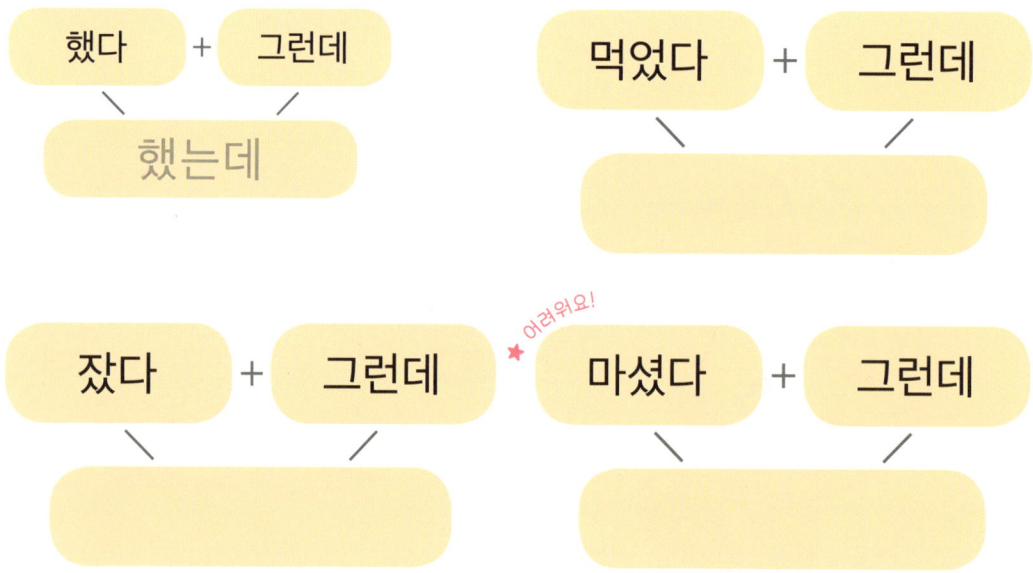

★ 바르게 쓴 글자를 찾아 동그라미 해 보세요.

1 밥을 먹었는(대 / 데) 배가 고프다.

2 물도 마셨는(대 / 데) 목이 마르다.

3 겉옷을 (입었는데 / 입었는대) 여전히 춥다.

4 잠을 (잤는대 / 잤는데) 피곤하다.

내공 쌓기

★ 밑줄 친 부분을 바르게 고쳐 보세요.

1 친구를 도와줬는<u>대</u> 인사를 못 들었다.
(➡   )

2 넘어졌는<u>대</u> 아프지 않다.
(➡   )

3 공부를 안 했는<u>대</u> 시험을 잘 봤다.
(➡   )

4 두리안이 맛은 있는<u>대</u> 냄새가 고약하다.
(➡   )

★ 맞춤법을 생각하며 아래 문장을 완성해 보세요.

1 방귀를 꼈는 ☐ 아무도 그걸 모른다.

2 놀이터에 갔는 ☐ 친구가 없다.

3 비가 오는 ☐ 우산이 없다.

 파워 업

★ '데' 글자에 동그라미 하고, 아랫줄에 따라 써 보세요.

1 그런데

2 궁금했는데

3 밥을 먹었는데

4 물도 마셨는데

★ 어려워요!

5 겉옷을 입었는데

6 열심히 했는데

7 알고 있었는데

8 잠을 잤는데

9 비가 오는데

10 모기를 잡았는데

오늘의 맞춤법 — DAY 2

나온데 VS 나온대

★ 아래에서 틀린 글자를 바르게 고쳐 보세요.

오늘 급식에 치킨 나온데!!! → 대

데 ➡

맞춤법 팁

다른 사람이 말한 내용을 전할 땐 'ㅐ' 모음을 써요.

엄마, 형은 저녁 먹었다고 해
↓
엄마, 형은 저녁 먹었ㄷ ㅐ
↓
엄마, 형은 저녁 먹었대

다른 사람(형)이 한 말을 전할 때(엄마에게)는 'ㅐ' 모음을 써.

아하, '-대'는 '-다고 해'가 줄어든 말이구나!

기본기 다지기

★ 빈 칸에 알맞은 말을 써 보세요.

1 형이 말해 줬어. 오늘 급식에 치킨 나온대.
   ↳ '나온다고 해.'가 줄어든 말.

2 누나가 말해 줬어. 그 치킨 정말 맛있 ___.
   ↳ '맛있다고 해.'가 줄어든 말.

3 친구가 말해 줬어. 콜라도 함께 _____
   ↳ '준다고 해.'가 줄어든 말.

★ 바르게 쓴 글자를 찾아 동그라미 해 보세요.

1 엄마는 나를 많이 사랑한(대 / 데).

2 아빠는 내가 바퀴벌레로 변해도 좋(대 / 데).

3 이유 없이 내가 (예쁘데 / 예쁘대).

4 세상에서 내가 가장 (소중하대 / 소중하데).

내공 쌓기

★ 밑줄 친 부분을 바르게 고쳐 보세요.

1 엄마, 언니가 나랑 안 논<u>데</u>.   (➡   )

2 언니, 엄마가 언니 혼낸<u>데</u>.   (➡   )

3 내일 눈이 내린<u>데</u>.   (➡   )

4 그래서 체육 수업을 안 한<u>데</u>.   (➡   )

5 대신 선생님께서 영화를 보여 주신<u>데</u>.   (➡   )

★ 맞춤법을 생각하며 아래 문장을 완성해 보세요.

1 기역이가 니은이를 좋아한 ☐.

2 디귿이는 거미가 무섭 ☐.

3 리을이는 여름에 태어났 ☐.

파워 업

★ '대' 글자에 동그라미 하고, 아랫줄에 따라 써 보세요.

1. 오늘 치킨 나온대.
2. 엄청 맛있대.
3. 콜라도 같이 준대.
4. 엄마는 나를 사랑한대.
5. 이유 없이 예쁘대.
6. 벌레로 변해도 좋대.
7. 민지는 봄에 태어났대.
8. 형은 거미가 무섭대.
9. 내일 눈이 내린대.
10. 숲에 유령이 산대.

★ 어려워요!

오늘의 맞춤법 — DAY 3

에요 VS 예요

★ 아래에서 틀린 글자를 바르게 고쳐 보세요.

우와, 도사님 이게 뮈~~에~~요?! → 예

에요 ➡

맞춤법 팁

'예요'는 받침 없는 글자 뒤에 써요.

거예요   어디예요   뭐예요
받침이 없음 받침이 없음 받침이 없음

틈새 강의

받침이 있는 글자 뒤에는 '이에요'를 쓴단다.
* 밥+이에요, 곰탕+이에요, 눈썹+이에요

기본기 다지기

★ 빈 칸에 알맞은 말을 써 보세요.

★ 바르게 쓴 글자를 찾아 동그라미 해 보세요.

1 여기가 우리 학교(에요 / 예요).

2 우리 마을 놀이터(에요 / 예요).

3 그게 뭐(에요 / 예요)?

★ 맞춤법을 생각하며 아래 문장을 완성해 보세요.

1 생일이 언제 ☐☐?

2 놓치지 않을 거 ☐☐.

3 얘는 제 친구 ☐☐.

★ 빈 칸에 알맞은 말을 쓰세요.

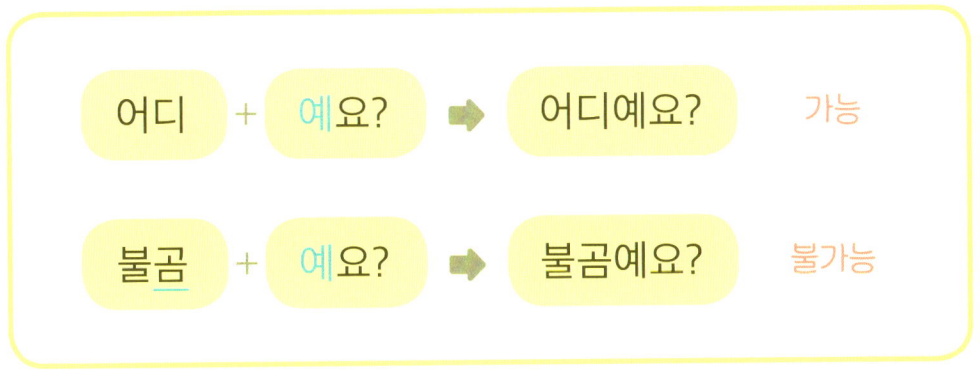

'불곰' 뒤에 '예요'가 올 수 없는 이유는

'곰' 글자에 ㅂ ㅊ 이 있기 때문이다.

파워 업

★ '예' 글자에 동그라미 하고, 아랫줄에 따라 써 보세요.

1 생일이 언제예요 ?
2 *모레예요.
3 파티를 할 거예요.
4 행복할 거예요.
5 학생은 누구예요 ?
6 제 친구예요.
7 지금 어디예요 ?
8 놀이터예요.
9 그게 뭐예요 ?
10 이것은 지우개예요.

띄어쓰기 조심!

* 모레 : 내일의 다음 날. 이틀 뒤

 오늘의 맞춤법　　**DAY 4**

이예요 VS 이에요

★ 아래에서 틀린 글자를 바르게 고쳐 보세요.

이분이 바로 맞춤법 **도사님이~~예~~요.** → 에

이예요 ➡

맞춤법 팁

이~ , 아니~ 딱 두 개만!
뒤에 '~에요'를 써요.

이　다 + 에요 ➡ 이에요

아니　다 + 에요 ➡ 아니에요　　아니예요 ✕

★ 빈 칸에 알맞은 말을 써 보세요.

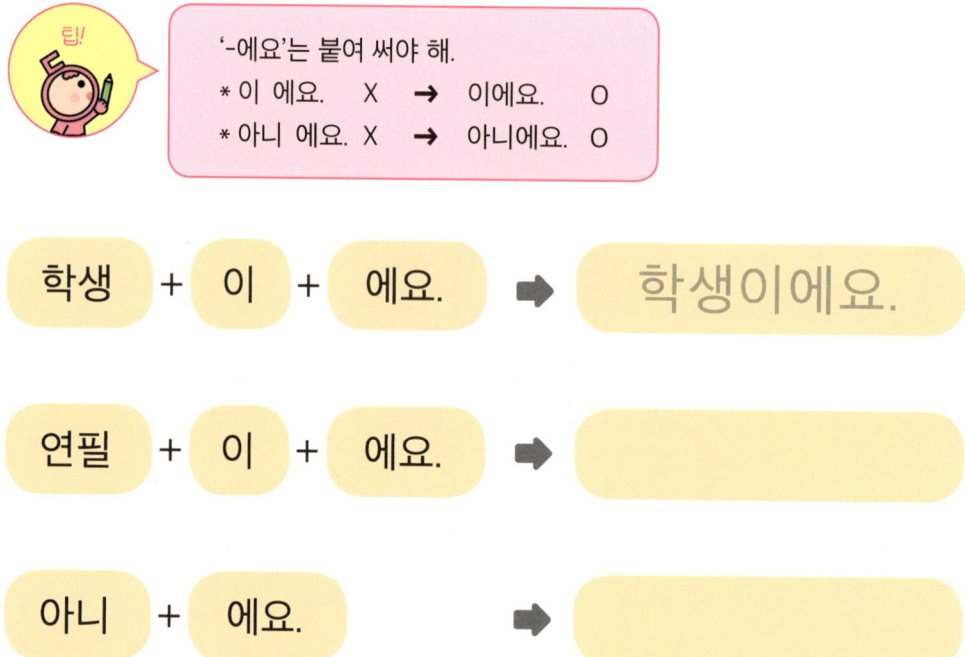

'-에요'는 붙여 써야 해.
* 이 에요. X ➡ 이에요. O
* 아니 에요. X ➡ 아니에요. O

학생 + 이 + 에요. ➡ 학생이에요.

연필 + 이 + 에요. ➡

아니 + 에요. ➡

★ 바르게 쓴 글자를 찾아 동그라미 해 보세요.

1 저는 초등학생(이에요 / 이예요).

2 이제 유치원생이 (아니에요 / 아니예요).

3 오늘은 특별한 날(이에요 / 이예요).

4 그렇게 하는 거 (아니에요 / 아니예요).

★ 올바르게 띄어쓴 곳에 동그라미 해 보세요.

1 와, 저기   기린이 에요.   기린이에요.   기린 이 에요.

2 정말   다행이에요.   다행이 에요.   다행 이 에요.

3 아무 것도   아니 에요.   아니에요.

★ 띄어쓰기를 생각하며 아래 문장을 옮겨 적어 보세요.

1 사슴이에요. ➡ | 사 | 슴 | | | | . |

2 사슴이 아니에요. ➡ | 사 | 슴 | 이 | | | | | | . |

3 연필이에요. ➡ | 연 | 필 | | | | . |

4 연필이 아니에요. ➡ | 연 | 필 | 이 | | | | | | . |

파워 업

★ '에' 글자에 동그라미 하고, 아랫줄에 따라 써 보세요.

1. 저는 학생이에요.
2. 저는 1학년이에요.
3. 우리 반이에요.
4. 제 책상이에요.
5. 이것은 연필이에요.
6. 으악, 귀신이에요. ★쉼표 주의!
7. 사람이 아니에요.
8. 저건 커튼이에요.
9. 유령이 아니에요.
10. 그렇다면 다행이에요. ★어려워요!

제1회 받아쓰기 레벨테스트

맞춤법 영역

성명 _____ 수험번호 _____

1 맞춤법이 틀린 것을 고르세요.

① 그런데
② 밥을 먹었는데
③ 물도 마셨는데
④ 겉옷을 입었는대

2 빈 칸에 들어갈 말을 고르세요.

① 대   ② 데   ③ 되   ④ 돼

3 아래 괄호 안에 들어갈 말을 쓰세요.

오늘 치킨 나온(　).

(　　　)

4 다음 중 맞춤법에 맞게 쓴 것은?

① 엄마는 나를 사랑한데.
② 이유 없이 예쁘데.
③ 벌레로 변해도 좋데.
④ 형은 거미가 무섭대.

5 띄어쓰기를 바르게 한 곳에 O 하세요.

와, 저기　사슴이 에요.　　사슴이에요.

정말　다행이에요.　　다행이 에요.

6 바르게 쓴 것에 O 하세요.

• 저는 초등학생(이에요 / 이예요).

• 제 가방이 (아니에요 / 아니예요).

• 저는 1학년(이에요 / 이예요).

7 아래 빈 칸에 공통으로 들어갈 말은?

저는 학생이□□.
이제 유치원생이 아니□□.

① 에요　　② 예요

8 맞춤법이 <u>틀린</u> 것을 고르세요.

① 생일이 언제<u>예요</u>?
② 학생은 누구<u>예요</u>?
③ 지금 어디<u>예요</u>?
④ 그게 뭐<u>예요</u>?

9 아래 설명이 맞으면 O, 틀리면 X에 동그라미 하세요.

'-예요'는 받침 없는
글자 뒤에 써요.

(O　　X)

10 바르게 쓴 것에 O 하세요.

• 여기가 우리 학교(에요 / 예요).

• 지금 어디(에요 / 예요)?

점수:　　　　/ 100

마인드맵으로 완벽 정리!

먹었다 + 그런데 → 먹었는데

잤다 + 그런데 → 잤는데

나온다고 해. → 나온대

맛있다고 해. → 맛있대

'그런데'의 뜻을 가지는 낱말은 'ㅔ' 모음을 써요.

다른 사람이 말한 내용을 전할 땐 'ㅐ' 모음을 씁니다.

그런대 vs 그런데

나온데 vs 나온대

Lv 1

알면 쉬운 모음

예요 vs 에요

이예요 vs 이에요

'예요'는 받침 없는 글자 뒤에 쓰지.

이-, 아니- 딱 두개만! 뒤에 '-에요'를 씁니다.

- 여기가 우리 학교(에요 / 예요).
- 우리 마을 놀이터(에요 / 예요).
- 그게 뭐(에요 / 예요)?

이 다 + 에요 →

아니 다 + 에요 →

Lv 2
알면 쉬운 받침

DAY 6 함니다 vs 합니다

DAY 7 않 vs 안

DAY 8 있어다 vs 있었다

DAY 9 어떻해 vs 어떡해

 **DAY 6**

오늘의 맞춤법

함니다 VS 합니다

★ 아래에서 틀린 글자를 바르게 고쳐 보세요.

맞춤법 도사님, 저희를 제자로 받아주셔서 감사~~함~~니다 → 합

함니다 ➡

맞춤법 팁

'합니다'는 [함니다]로 소리 나지만,
소리 나는 대로 쓰면 안 돼요.

| 글로 쓸 땐 합니다 | 글로 쓸 땐 입니다 | 글로 쓸 땐 갑니다 |
| 소리날 땐 [함니다] | 소리날 땐 [임니다] | 소리날 땐 [감니다] |

★ 빈 칸에 알맞은 말을 써 보세요.

쓸 때 　　　　 읽을 때

하 + ㅂ니다 ➡ 합니다　　[함니다]

가 + ㅂ니다 ➡ 　　　　　[감니다]

오 + ㅂ니다 ➡ 　　　　　[옴니다]

잠깐 상식!

도사님, 왜 ㅂ받침 소리가 ㅁ으로 바뀌는 거예요?

뒷글자 ㄴ의 영향을 받아서 그렇단다.

함니다

ㄴ이 있으니 ㅂ보다 ㅁ으로 발음하는 것이 편하지?

[합니다]로 읽어 봤는데
[함니다]로 읽으니 더 발음하기 쉽네요.

★ 알맞은 받침을 채워 보세요.

감사 합 니다.　　행복 하 니다.　　고맙 스 니다.

즐겁 스 니다.　　죄송 하 니다.　　사랑 하 니다.

★ 바르게 쓴 글자를 찾아 동그라미 해 보세요.

1 동생이 태어나서 (기쁨니다 / 기쁩니다).

2 제 동생은 무척 (귀엽습니다 / 귀엽슴니다).

3 동생과 함께 놀면 (즐겁습니다 / 즐겁슴니다).

4 저는 (행복함니다 / 행복합니다).

★ 밑줄 친 부분을 바르게 고쳐 보세요.

1 여름이 되었<u>슴</u>니다.　　(➡　　　　　)

2 사람들은 바다로 여행을 떠<u>남</u>니다.　(➡　　　　　)

3 아빠는 멋지게 수영을 <u>함</u>니다.　(➡　　　　　)

4 아이들은 물장구를 <u>침</u>니다.　(➡　　　　　)

5 정답게 장난치며 <u>놈</u>니다.　(➡　　　　　)

파워 업

★ 'ㅂ' 받침에 동그라미 하고, 아랫줄에 따라 써 보세요.

1. 고맙습니다.
2. 사랑합니다.
3. 죄송합니다.
4. 괜찮습니다.
5. 수영을 합니다.
6. 재미있습니다.
7. 물장구를 칩니다.
8. 장난치며 놉니다.
9. 매우 기쁩니다.
10. 동생은 귀엽습니다.

오늘의 맞춤법　　**DAY 7**

않 VS 안

★ 아래에서 틀린 글자를 바르게 고쳐 보세요.

내일 시험인데 공부를 ~~않~~ 했다. → 안

않 ➡

맞춤법 팁

안 좋아. = 좋지 않아.
같은 말이에요.

예시　오늘따라 몸이　[안 좋아.]
　　　　　　　↓
　　　　오늘따라 몸이　[좋지 않아.]
　　　　　　　　　　　　　　↳ '~지' 뒤에 오는 건 '않'

 기본기 다지기

★ 빈 칸에 알맞은 받침을 써 보세요.

기억하지?
'~지' 뒤에 오는 건 '않'!!

1 내가 　안　 먹었어. = 내가 먹지 　않　 았어.

2 형이 　아　 마셨어. = 형이 마시지 　아　 았어.

3 학교에 　아　 갔어. = 학교에 가지 　아　 았어.

★ 바르게 쓴 글자를 찾아 동그라미 해 보세요.

1 약을 (안 / 않) 먹었다.

2 약을 먹지 (안 / 않)았다.

3 감기가 (안 / 않) 나았다.

4 감기가 낫지 (안 / 않)았다.

 틈새 강의

'안'은 글자를 빼고 읽어도 말이 돼요. 반대말이 돼요.
* 비가 안 왔어. → 비가 __왔어. O

'않'은 글자를 빼고 읽으면 말이 안돼요.
* 비가 오지 않았어. → 비가 오지 __았어. X

 내공 쌓기

★ 밑줄 친 부분을 바르게 고쳐 보세요.

1. 숙제를 <u>않</u> 했다.
   (➡   )

2. 숙제를 하<u>지</u> <u>안</u>았다.
   (➡   )

3. 비가 <u>않</u> 왔다.
   (➡   )

4. 비가 오<u>지</u> <u>안</u>았다.
   (➡   )

5. 학교에 <u>않</u> 갔다.
   (➡   )

6. 학교에 가<u>지</u> <u>안</u>았다.
   (➡   )

★ 띄어쓰기를 생각하며 아래 문장을 옮겨 적어 보세요.

1. 내가 안 했어.

2. 내가 하지 않았어.

파워 업

★ '안', '않' 글자에 동그라미 하고, 아랫줄에 따라 써 보세요.

1. 안 먹었다.
2. 먹지 않았다.
3. 안 마셨다.
4. 마시지 않았다.
5. 내가 안 했어.
6. 내가 하지 않았어.
7. 형이 안 왔네?
8. 형이 오지 않았네?
9. 집에 안 갔어.
10. 집에 가지 않았어.

있어다 VS 있었다

★ 아래에서 틀린 글자를 바르게 고쳐 보세요.

어 ➡

맞춤법 팁

과거에 있었던 일을 말할 때
ㅆ 받침을 써요.

없었다.   봤다.   좋았다.

모두 ㅆ을 쓰는구나!

★ 빈 칸에 알맞은 받침을 써 보세요.

1 참 재미있다. ➡ 재미있 었 다.

2 내 것이 아니다. ➡ 아니 어 다.

3 놀이터에 가다. ➡ 가 다.

4 케이크가 맛있다. ➡ 맛있 어 다.

★ 바르게 쓴 글자를 찾아 동그라미 해 보세요.

1 어제는 새로운 맞춤법을 배(워 / 웠)다.

2 디근이는 백 점을 받(앗 / 았)다.

3 모두가 박수를 쳐 주(어 / 었)다.

4 디근이는 크게 기뻐(햇 / 했)다.

내공 쌓기

★ 이어질 말을 찾아 선으로 잇고, 받침을 완성하여 보세요.

어제는 나의 생일 •   • 커졌다.

선물로 드론을 •   • 이어다.

길에서 친구를 •   • 받아다.

키가 나보다 더 •   • 만나다.

★ 헷갈리는 받침을 더 알아보고 바르게 써 보세요.

1. 재미있었다. ➡

→ 여긴 쌍시옷!

2. 맛있다. ➡
→ 여긴 시옷!

3. 맛있었다. ➡

→ 여긴 쌍시옷!

파워 업

★ 'ㅆ' 받침에 동그라미 하고, 아랫줄에 따라 써 보세요.

1	내		생	일	이	었	다	.
2	선	물	을		받	았	다	.
3	드	론	이		높	이		날	앗	다	.
4	참		재	미	있	었	다	.
5	친	구	를		만	났	다	.
6	나	보	다		키	가		커	졌	다	.
7	백		점	을		받	았	다	.
8	박	수	를		쳤	다	.
9	크	게		기	뻐	했	다	.
10	케	이	크	가		맛	있	었	다	.

어려워요!

오늘의 맞춤법

어떻해 VS 어떡해

★ 아래에서 틀린 글자를 바르게 고쳐 보세요.

도사님이 아끼는 그릇을 깼는데 어떻해?

떻

맞춤법 팁

'어떡하다' = '어떻게 하다' 가 줄어든 말이에요.

어떻게 + 해. ➡ 어떡해.
어떻게 + 하지? ➡ 어떡하지?
어떻게 + 하면 ➡ 어떡하면

예시   나 이제 어떻게 하지?
       나 이제 어떡하지?

★ 빈 칸에 알맞은 받침을 써 보세요.

1 어 떡 해 = 어 떻 게 해

2 어 떠 하면 = 어 떠 게 하면

3 어 떠 하지 = 어 떠 게 하지

4 어 떠 할까 = 어 떠 게 할까

ㄱ을 쓴 뒤엔 ㅎ이 오고, ㅎ을 쓴 뒤엔 ㄱ이 와요.

어떡해 O   어떻게 O

어떡게 X   어떻해 X

내공 쌓기

★ 바르게 쓴 글자를 찾아 동그라미 해 보세요.

1 나 이제 (어떡해 / 어떻해)?

= 나 이제 (어떡게 하지 / 어떻게 하지)?

2 엄마가 좋은 걸 (어떡헤 / 어떡해)?

= 엄마가 좋은 걸 (어떻게 해 / 어떡개 해)?

3 길에 쓰레기를 버리면 (어떻게요 / 어떡해요)?

= 길에 쓰레기를 버리면 (어떻게 해요 / 어떠캐 해요)?

★ 맞춤법을 생각하며 아래 문장을 완성해 보세요.

1 수업 시간에 똥이 마려우면 ☐☐ 하 지 ?

2 수업 시간에 똥이 마려우면 ☐☐ 게 하지?

3 숙제를 안 했는데 ☐☐ 하 지 ?

4 숙제를 안 했는데 ☐☐ 게 하지?

파워 업

★ '떡', '떻' 글자에 동그라미 하고, 아랫줄에 따라 써 보세요.

1. 어떡해?
2. 어떻게 해?
3. 저것을 어떡하지?
4. 저것을 어떻게 하지?
5. 어떡하면 좋을까?
6. 어떻게 하면 좋을까?
7. 이제 어떡해요?
8. 이제 어떻게 해요?
9. 좋은 걸 어떡해?
10. 좋은 걸 어떻게 해?

제2회 받아쓰기 레벨테스트

맞춤법 영역

성명 [　　　　　]　　수험번호 [　][　][　][　][　][　][　]

---

1 맞춤법이 틀린 것을 고르세요.

① 고맙습니다.

② 죄송합니다.

③ 물장구를 침니다.

④ 동생은 귀엽습니다.

2 빈 칸에 공통으로 들어갈 받침을 고르세요.

> 고맙 **스** 니다.
> 죄송 **하** 니다.

① ㅁ　② ㅂ　③ ㅍ　④ ㅅ

3 아래 괄호 안에 들어갈 말을 고르세요.

> 약을 먹지 (　)았다.

① 안　　② 않

4 다음 중 맞춤법에 맞게 쓴 것은?

① 형이 안 했어.

② 형이 하지 안았어.

③ 내가 않 먹었어.

④ 내가 먹지 안았어.

5 띄어쓰기를 바르게 한 곳에 ○ 하세요.

밥을안먹었다.　(　)

밥을 안 먹었다.　(　)

밥을 안먹었다.　(　)

6 맞춤법에 맞게 쓴 것을 고르세요.

• 숙제를 (안 / 않) 했다.

• 비가 오지 (안 / 않)았다.

• 학교에 (안 / 않) 갔다.

7 빈 칸에 공통으로 들어갈 받침은?

케이크가 맛 이 어 다.

① ㅅ   ② ㅆ

8 맞춤법이 틀린 것을 고르세요.

① 나 이제 어떡해?
② 나 이제 어떻게 하지?
③ 어떻하면 좋아.
④ 어떻게 하면 좋아.

9 빈 칸에 들어갈 말을 쓰세요.

똥이 마려울 땐
어(   )하지?

(   )

10 바르게 쓴 것에 O 하세요.

• 엄마가 좋은 걸 (어떡헤 / 어떡해)?

• 엄마가 좋은 걸 (어떻게 해 / 어떻개 해)?

점수: / 100

마인드맵으로 완벽 정리!

감사 하 니다.
고맙 스 니다.
죄송 하 니다.

- 약을 (안 / 않) 먹었다.
- 약을 먹지 (안 / 않)았다.

'합니다'는 [함니다]로 소리 나지만, 소리 나는 대로 쓰면 안 돼!

안 먹어. = 먹지 않아.
같은 말이란다.

함니다 vs 합니다   **안 vs 않**

Lv 2
알면 쉬운 받침

있어다 vs 있었다   **어떻해 vs 어떡해**

과거에 있었던 일을 말할 때 ㅆ 받침을 써요.

'어떡하다' = '어떻게 하다'가 줄어든 말이란다.

참 재미있다. →(과거) 재미있 었 다.
내 것이 아니다. → 아니 었 다.

어 떻 해 = 어 떻 게 해
어 떻 하면 = 어 떻 게 하면
어 떻 하지 = 어 떻 게 하지
어 떻 할까 = 어 떻 게 할까

Lv 3
헷갈리는 모음

DAY 11 베게 vs 베개

DAY 12 멋지개 vs 멋지게

DAY 13 되 vs 돼

DAY 14 에 vs 의

오늘의 맞춤법

베게 VS 베개

★ 아래에서 틀린 글자를 바르게 고쳐 보세요.

베게 ➡

맞춤법 팁

'~개'는 '~하는 도구'를 뜻해요.

지우**개**	지우기 위해 사용하는 도구
날**개**	날기 위해 사용하는 도구
덮**개**	덮기 위해 사용하는 도구
베**개**	베고 자는 데 사용하는 도구

기본기 다지기

★ '~개'로 끝나는 낱말을 알아봅시다.

1. '~하는 도구'의 의미로 사용하는 낱말

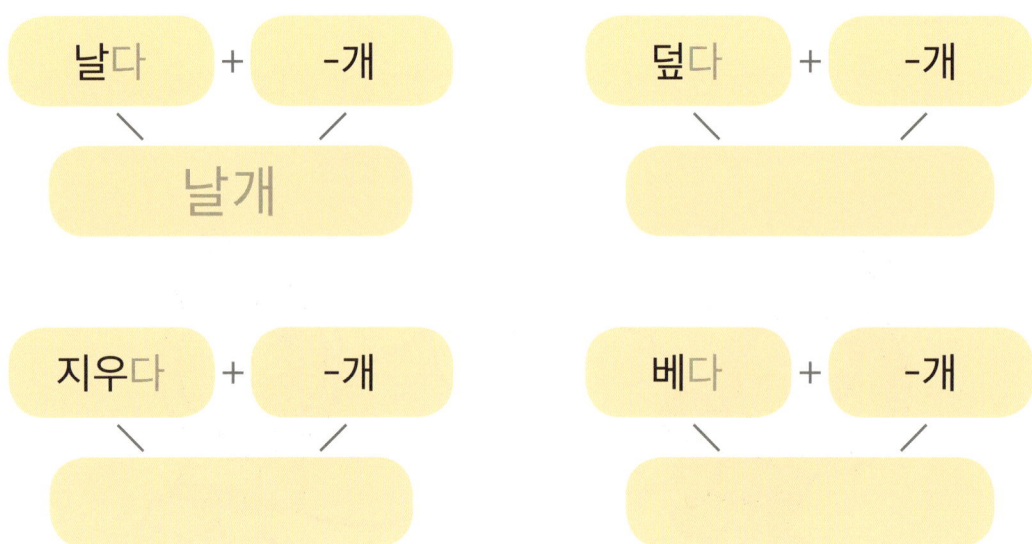

2. '~하는 특징이 있는 사람'의 의미로 사용하는 낱말

틈새 강의

'-개'는 ~하는 특징이 있는 사람을 뜻하기도 해요.
* 코흘리개 : 늘 콧물을 흘리는 사람
* 오줌싸개 : 오줌을 가리지 못하는 사람

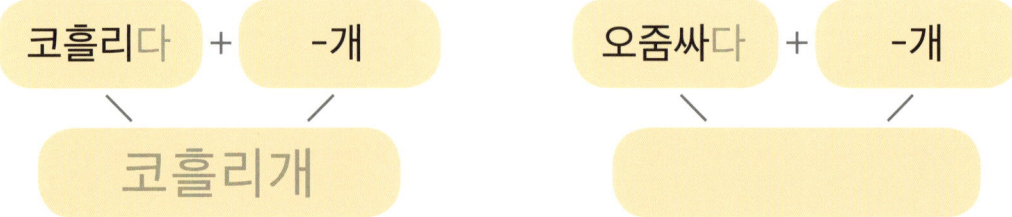

★ 기역이의 방입니다. 물건의 이름을 써 보세요.

★ 기역이의 일기에서 틀린 낱말을 바르게 고쳐 보세요.

내 동생은 오줌싸게다. (➡   )

오늘도 베게에 오줌을 쌌다. (➡   )

더러워진 이불을 빨고 새로운 덮게를 씌워 주었다. (➡   )

새로 깔아 준 이불에는 날게 달린 천사가 그려져 있었다. (➡   )

나도 동생에게 천사가 되어 주고 싶다.

파워 업

★ '개' 글자에 동그라미 하고, 아랫줄에 따라 써 보세요.

1. 지우개를 샀어요.
2. 베개를 바꿨어요.
3. 이쑤시개를 주세요.
4. 날개를 달아요.
5. 덮개를 씌워요.
6. 뜨거운 김치찌개
7. 된장찌개 냄새
8. 햇빛 가리개
9. 코흘리개 동생
10. 그는 오줌싸개래요.

어려워요!

 오늘의 맞춤법　　**DAY 12**

멋지개 VS 멋지게

★ 아래에서 틀린 글자를 바르게 고쳐 보세요.

할로윈 호박을 멋지~~개~~ 꾸몄다. (게)

개 ➡

맞춤법 팁

'~게'는 꾸며 주는 역할을 해요.

| 옷을 입다.
머리를 묶다.
마음을 가꾸다. | ➡ | 옷을 예쁘게 입다.
머리를 단정하게 묶다.
마음을 아름답게 가꾸다. |

기본기 다지기

★ 빈 칸에 알맞은 말을 써 보세요.

멋지다 + -게	예쁘다 + -게
멋지게	

느리다 + -게	빠르다 + -게

★ 빈 칸에 알맞은 모음을 써 보세요.

1. 벼가 노랗 ㄱ 익어요.

2. 단풍이 빨갛 ㄱ 물들어요.

3. 숲을 푸르 ㄱ 가꾸어요.

4. 겨울 눈이 하얗 ㄱ 쌓여요.

★ 바르게 쓴 글자를 찾아 동그라미 해 보세요.

1 친구와 반갑(게 / 개) 인사해요.

2 다정하(개 / 게) 말해요.

3 동생과 정답(게 / 개) 놀아요.

4 놀이터에서 활기차(게 / 개) 뛰어요.

5 아기가 서럽(게 / 개) 울어요.

★ 엄마의 쪽지에서 틀린 글자를 바르게 고쳐 보세요.

디근아, 내일은 바람이 세개 분단다. (➡   )

옷을 따뜻하개 입으렴. (➡   )

길이 미끄러우니 빠르개 걷지 말고. (➡   )

그럼, 저녁 맛있개 먹으렴! (➡   )

파워 업

★ '게' 글자에 동그라미 하고, 아랫줄에 따라 써 보세요.

1 반갑게 인사해요.

2 다정하게 말해요.

3 정답게 놀아요.

4 예쁘게 걸어요.

5 빠르게 뛰어요.

6 맛있게 먹어요.

7 튼튼하게 자라렴.

어려워요!

8 숲을 푸르게 가꿔요.

9 비가 세차게 내려요.

10 단풍이 곱게 물들어요.

오늘의 맞춤법   DAY 13

★ 아래에서 틀린 글자를 바르게 고쳐 보세요.

크리스마스에 부르는 노래
울면 안 되 → 돼

되 ➡

맞춤법 팁

문장의 끝에는 무조건 '돼'를 써요.

울면 안 돼.   말도 안 돼.   나 이거 해도 돼?

틈새 강의

'되'는 혼자 있는 걸 싫어해서 '되면', '되고', '되니'와 같이 다른 글자가 옆에 있어야 해요. 그래서 맨 끝에 오지 못해요.

★ 빈 칸에 알맞은 모음을 써 보세요.

> '돼'는 '되어'가 줄어든 말이에요.
> 예시 울면 안 되어.
> 울면 안 돼.

1 안 되어. = 안 돼.

2 울면 안 되어. = 울면 안 ㄷ .

3 말도 안 ㄷ 어. = 말도 안 ㄷ .

★ 밑줄 친 부분을 바르게 고쳐 보세요.

1 달리기 시합에서 져도 되. (➡   )

2 우승하지 않아도 되. (➡   )

3 완벽하지 않아도 되. (➡   )

4 천천히 해도 되. (➡   )

내공 쌓기

★ 그림을 보고, 엄마의 말풍선 안에 들어갈 말을 보기에서 골라 써 보세요.

보기   돼.   안 돼.

만지면 (   ).

이건 먹으면 (   ).

골고루 먹어야 (   ).

이제 코 자야 (   ).

★ 띄어쓰기를 생각하며 아래 문장을 옮겨 적어 보세요.

1 져도 돼.

2 틀려도 돼.

3 해도 돼.

4 안 돼.

파워 업

★ '돼' 글자에 동그라미 하고, 아랫줄에 따라 써 보세요.

1. 져도 돼.
2. 틀려도 돼.
3. 천천히 해도 돼.
4. 우승 못해도 돼.
5. 만지면 안 돼.
6. 먹으면 안 돼.
7. 골고루 먹어야 돼.
8. 내가 해도 돼?
9. 울면 안 돼.
10. 말도 안 돼.

오늘의 맞춤법

DAY 14

에 VS 의

★ 아래에서 틀린 글자를 바르게 고쳐 보세요.

오늘따라 길어 보이는 도사님~~에~~ 콧털 → 의

에 ➡

맞춤법 팁

'가지고 있음'을 나타낼 때는 '의'를 사용해요.

★ '~에' 아님!!

엄마의 시계 : 이 시계는 엄마 거라는 뜻
친구의 가방 : 이 가방은 친구 거라는 뜻
아빠의 책상 : 이 책상은 아빠 거라는 뜻

 기본기 다지기

★ '의'의 두 발음을 알아보고 두 번씩 소리내어 읽어 보세요.

★ 바르게 쓴 글자를 찾아 동그라미 해 보세요.

1 엄마(의 / 에) 목걸이는 반짝거린다.

2 아빠(의 / 에) 야구 모자는 오래되었다.

3 나(의 / 에) 자전거는 보라색이다.

4 동생(의 / 에) 장난감에서 소리가 난다.

★ 밑줄 친 부분을 바르게 고쳐 보세요.

1 부모님<u>에</u> 침대는 넓다.   (➡   )

2 아기<u>에</u> 침대는 좁다.   (➡   )

3 영웅<u>에</u> 방패는 강하다.   (➡   )

4 괴물<u>에</u> 덩치가 크다.   (➡   )

★ 올바르게 띄어쓴 곳에 동그라미 해 보세요.

> '~의'는 앞말에 붙여 써요. 엄마 의(X), 엄마의(O)

1   토끼 의   토끼의   수염

2   할머니의   할머니 의   사랑

3   고양이 의   고양이의   발바닥

파워 업

★ '의' 글자에 동그라미 하고, 아랫줄에 따라 써 보세요.

1 엄마의 목걸이

2 아빠의 야구 모자

3 동생의 장난감

4 부모님의 침대

5 아기의 바지

6 영웅의 방패

7 괴물의 덩치

8 토끼의 수염

9 할머니의 사랑

10 고양이의 발바닥

제3회 받아쓰기 레벨테스트

맞춤법 영역

성명 │　　　　　　　　　　수험번호 │

---

1 다음 중 맞춤법에 맞게 쓴 것은?

① 지우게
② 베개
③ 덮게
④ 김치찌게

2 빈 칸에 알맞은 말을 써 보세요.

'-개'는 '~하는 특징이 있는 사람'을 뜻하기도 해요.

3 아래 괄호 안에 들어갈 말을 고르세요.

밥을 맛있(　) 먹다.

① 개　　② 게

4 다음 중 맞춤법이 틀린 것은?

① 느리게 걸어요.
② 빠르게 뛰어요.
③ 튼튼하게 자라렴.
④ 비가 세차개 내려요.

5 맞춤법에 맞게 쓴 것을 고르세요.

• 이쑤시(개 / 게)를 주세요.
• 친구와 반갑(개 / 게) 인사해요.
• 천사의 날(개 / 게)

6 띄어쓰기를 바르게 한 곳에 O 하세요.

울면 안돼.　　　(　)
울면 안 돼.　　(　)
울면안돼.　　　(　)

7 아래 빈 칸에 공통으로 들어갈 말은?

틀려도 ☐.
말도 안 ☐.

① 되 ② 돼

8 다음 문장을 띄어쓰기에 맞게 쓰세요.

안돼.
⬇

☐

9 맞춤법이 틀린 것을 고르세요.

① 아빠의 야구 모자
② 동생에 장난감
③ 할머니의 사랑
④ 고양이의 발바닥

10 바르게 쓴 것에 O 하세요.

• 엄마(의 / 에) 목걸이가 반짝인다.

• 토기(에 / 의) 수염이 길다.

점수: / 100

마인드맵으로 완벽 정리!

날다 + -개 → 날개
베다 + -개
느리다 + -게
빠르다 + -게

'-개'는 '~하는 도구'를 뜻해요.

'-게'는 '꾸며 주는 역할'을 해요.

베게 vs 베개

멋지개 vs 멋지게

Lv 3
헷갈리는 모음

되 vs 돼

에 vs 의

문장의 끝에는 무조건 '돼'를 써요.

가지고 있음을 나타낼 때는 '의'를 사용해요.

- 울면 안 (돼).
- 말도 안 (   ).
- 나 이거 해도 (   ).

엄마의 시계 = 이 시계는 엄마 거라는 뜻.
친구　가방 = 이 가방은 친구 거라는 뜻.
아빠　책상 = 이 책상은 아빠 거라는 뜻.

Lv 4
외워야 하는 받침

DAY 16 깎두기 vs 깍두기

DAY 17 십어요 vs 싶어요

DAY 18 돋자리 vs 돗자리

DAY 19 낳아 vs 나아

오늘의 맞춤법 DAY 16

깍두기 VS 깍두기

★ 아래에서 틀린 글자를 바르게 고쳐 보세요.

깎 ➡

맞춤법 팁

박 [박]   밖 [박]
ㄱ 받침과 ㄲ 받침은 모두 ㄱ으로 소리가 나요.

ㄲ 받침 낱말

섞다.
깎다.
손톱깎이

의외로 ㄱ 받침 낱말

썩다.
깍두기

왠지 'ㄲ' 받침일 것 같지만,
'ㄱ' 받침으로 써야 해.

★ 빈 칸에 'ㄲ' 받침을 넣어 낱말을 완성하고, 한 번 더 써 보세요.

볶다		낚시	
낚다		창밖	
닦다		손톱깎이	
묶다		꺾다	

★ 빈 칸에 'ㄱ' 받침을 넣어 낱말을 완성하고, 한 번 더 써 보세요.

| 썩다 | | 깍두기 | |
| 새벽 | | 막다 | |

★ 바르게 쓴 글자를 찾아 동그라미 해 보세요.

1 이가 (썪다 / 썩다).

2 우유에 초코를 (섞다 / 석다).

3 손톱을 (깍다 / 깎다).

4 꽃을 (꺽다 / 꺾다).

★ 보기 중 'ㄲ' 받침을 쓰는 낱말은 모두 몇 개 일까요?

보음밥, 새벽, 손톱깎이
까두기, 나시, 창바

(   )개

파워 업

★ 'ㄱ', 'ㄲ' 받침에 동그라미 하고, 아랫줄에 따라 써 보세요.

1. 창밖을 보라.
2. 껍질을 깎다.
3. 날카로운 손톱깎이
4. 맛있는 깍두기
5. 우유에 딸기를 섞다.
6. 어금니가 썩다.
7. 꽃을 꺾지 마세요.
8. 차가운 새벽 공기
9. 물고기를 낚다.
10. 낚시를 즐기다.

 오늘의 맞춤법 **DAY 17**

십어요 VS 싶어요

★ 아래에서 틀린 글자를 바르게 고쳐 보세요.

저는 맞춤법 고수가 되고 싶어요!

십 ➡

맞춤법 팁

입[입]   잎[입]
ㅂ 받침과 ㅍ받침은 모두 ㅂ으로 소리가 나요.

ㅂ 받침 낱말	ㅍ 받침 낱말
업다.	엎지르다.
덥다.	덮다.
십(10)	싶다.

★ 빈 칸에 'ㅂ' 받침을 넣어 낱말을 완성하고, 한 번 더 써 보세요.

| 업다 | | 덥다 | |

| 손톱 | | 발톱 | |

★ 빈 칸에 'ㅍ' 받침을 넣어 낱말을 완성하고, 한 번 더 써 보세요.

| 싶어요 | | 엎지르다 | |

| 무릎 | | 잎 | |

| 갚다 | | 덮다 | |

| 옆 | | 앞 | |

내공 쌓기

★ 이어질 말을 찾아 선으로 이어 보세요.

아기를 등에 • • 엎지르다.

물을 바닥에 • • 업다.

오늘따라 날씨가 • • 덮다

두꺼운 이불을 • • 덥다

너의 눈, 코, • • 잎

은행잎과 단풍 • • 입

구 더하기 일은 • • 싶다

할머니가 보고 • • 십

손톱과 발 • • 옆

책상의 앞과 • • 톱

파워 업

★ 'ㅂ', 'ㅍ' 받침에 동그라미 하고, 아랫줄에 따라 써 보세요.

1. 아기를 등에 업다.
2. 물을 바닥에 엎다.
3. 날씨가 덥다.
4. 이불을 덮다.
5. 은행잎과 단풍잎
6. 보고 싶다.
7. 제가 하고 싶어요.
8. 손톱과 발톱
9. 책상의 앞과 옆
10. 무릎을 베고 눕다.

★ 어려워요!

오늘의 맞춤법

돋자리 VS 돗자리

★ 아래에서 틀린 글자를 바르게 고쳐 보세요.

우리 소풍가자.
~~돋~~자리 챙겨! → 돗

돋 ➡

맞춤법 팁

돋 [돋]   돗 [돋]
ㄷ 받침과 ㅅ 받침은 모두 ㄷ으로 소리가 나요.

ㄷ 받침 낱말	ㅅ 받침 낱말
돋보기	돗자리
숟가락	젓가락
쓰레받기	빗자루

★ 빈 칸에 'ㄷ' 받침을 넣어 낱말을 완성하고, 한 번 더 써 보세요.

돋보기		숟가락	
걷다		듣다	
받다		쓰레받기	

★ 빈 칸에 'ㅅ' 받침을 넣어 낱말을 완성하고, 한 번 더 써 보세요.

| 돗자리 | | 젓가락 | |
| 빗자루 | | 씻다 | |

★ 바르게 쓴 글자를 찾아 동그라미 해 보세요.

1 (돗 / 돝)자리를 펴다.

2 (돗 / 돝)보기를 사용하다.

3 (숫 / 숟)가락으로 밥을 먹다.

4 (젓 / 젇)가락으로 라면을 먹다.

★ 밑줄 친 부분을 바르게 고쳐 보세요.

1 신나는 음악을 <u>듯</u>다.   (➡   )

2 하얀 눈 위를 <u>것</u>다.   (➡   )

3 생일 선물을 <u>밧</u>았다.   (➡   )

4 <u>빋</u>자루가 부러지다.   (➡   )

5 쓰레<u>밧</u>기에 담다.   (➡   )

파워 업

★ 'ㄷ', 'ㅅ' 받침에 동그라미 하고, 아랫줄에 따라 써 보세요.

1 돗자리를 펴다.

2 할머니의 돋보기

3 숟가락을 쥐다.

4 라면 한 젓가락

5 빗자루로 쓸다.

6 쓰레받기에 담다.

7 길을 걷다.

8 음악을 듣다.

9 생일 선물을 받다.

10 그릇을 깨끗이 씻다.

 오늘의 맞춤법   **DAY 19**

낳아 VS 나아

★ 아래에서 틀린 글자를 바르게 고쳐 보세요.

디글아 ㅠㅠ
감기 얼른 낳아!
(낳 → 나)

낳 ➡

맞춤법 팁

낳아 : 동물의 알이나 새끼를 몸 밖으로 내놓다.
나아 : 병이 고쳐지다.

낳아/낳았다 쓰는 경우
동물의 알이나 새끼를
몸 밖으로 내놓다.

나아/나았다 쓰는 경우
병이 고쳐지다.

닭이 알을 낳았다.
소가 송아지를 낳으면

감기가 저절로 나았다.
부러진 다리가 다 나아서

 기본기 다지기

 왜 헷갈릴까?
받침 ㅎ은 모음을 만나면 소리가 안 난단다.

낳아 [나아]   좋아 [조아]   쌓여 [싸여]

★ 빈 칸에 'ㅎ' 받침을 넣어 낱말을 완성하고, 두 번씩 소리내어 읽어 보세요.

받침 ㅎ은 모음을 만나면 소리가 안 나요.

1 아기를   낳 아 [나아]    낳 아서 [나아서]

2 기분이   좋 아 [조아]    좋 아서 [조아서]

3 침대를   놓 아 [노아]    놓 아서 [노아서]

4 모래를   쌓 아 [싸아]    쌓 아서 [싸아서]

내공 쌓기

★ 바르게 쓴 글자를 찾아 동그라미 해 보세요.

1 하루아침에 병이 (나았다 / 낳았다).

2 푹 쉬고 얼른 (나으렴 / 낳으렴).

3 오리가 알을 (나았다 / 낳았다).

4 고양이가 새끼를 넷이나 (나았다 / 낳았다).

★ 밑줄 친 부분을 바르게 고쳐 보세요.

1 아침에 염소가 새끼를 <u>나</u>아서   (➡   )

2 기분이 매우 <u>조</u>았다.   (➡   )

3 엄마는 염소에게 주사를 <u>노</u>았고   (➡   )

4 나는 바구니에 먹이를 <u>너</u>어 주었다.   (➡   )

파워 업

★ 'ㅎ' 받침에 동그라미 하고, 아랫줄에 따라 써 보세요.

1 개가 새끼를 낳으니

2 닭이 알을 낳아서

3 엄마가 나를 낳았다.

4 병이 다 나았다.

5 감기 얼른 나아.

6 기분이 좋아.

7 침대를 놓았다.

8 손이 바닥에 닿았고

9 먹이를 넣으니

10 모래를 쌓았다.

제3회 받아쓰기 레벨테스트

맞춤법 영역

성명 ☐ 수험번호 ☐☐☐☐☐☐☐

① 다음 중 맞춤법이 틀린 것은?

① 손톱깎이
② 깍두기
③ 썪다.
④ 섞다.

② 빈 칸에 공통으로 들어갈 받침을 고르세요.

| 나 | 시 | 보 | 음밥 |

① ㄱ   ② ㄲ

③ 아래 괄호 안에 들어갈 말을 고르세요.

저는 고수가 되고 ( )어요.

① 십   ② 싶

④ 다음 중 맞춤법에 맞게 쓴 것은?

① 은행입
② 날씨가 덥다.
③ 무릅을 베고 눕다.
④ 보고 십다.

⑤ 맞춤법에 맞게 쓴 것을 고르세요.

• (돗 / 돋)자리를 펴다.

• (돗 / 돋)보기를 사용하다.

⑥ 빈 칸에 공통으로 들어갈 받침은?

음악을 드 다.
눈 위를 거 다.
선물을 바 다.

① ㅅ   ② ㅆ   ③ ㄷ   ④ ㅌ

7 맞춤법이 올바른 것을 찾아 O 하세요.

이가 썪다.　　　(　)

손톱과 발톱　　(　)

쓰레받기　　　(　)

숫가락　　　　(　)

8 맞춤법이 틀린 것을 고르세요.

① 라면 한 젓가락
② 제가 하고 십어요.
③ 보고 싶다.
④ 껍질을 깎다.

9 빈 칸에 들어갈 받침을 쓰세요.

오늘은 기분이 조 아.
염소에게 주사를 노 았다.

(　　　)

10 바르게 쓴 것에 O 하세요.

• 닭이 알을 (나았다 / 낳았다).

• 병이 다 (나았다 / 낳았다).

점수:　　　／100

마인드맵으로 완벽 정리!

ㄱ 받침 낱말:
써 다. 까 두기

ㄲ 받침 낱말:
서 다. 까 다.

ㅂ 받침 낱말:
어 다. 더 다.

ㅍ 받침 낱말:
어 지르다. 더 밥

깍[깍]   깎[깍]   입[입]   잎[입]

ㄱ 받침과 ㄲ 받침은 모두 ㄱ으로 소리 난단다.

ㅁ 받침과 ㅍ 받침은 모두 ㅂ으로 소리 난단다.

깎두기 vs 깍두기   십어요 vs 싶어요

Lv 4
외워야 하는 받침

돋자리 vs 돗자리   나아 vs 낳아

ㄷ 받침과 ㅅ 받침은 모두 ㄷ으로 소리 난단다.

받침 ㅎ은 모음을 만나면 소리가 안 난단다.

돋[돋]   돗[돋]   낳아 / 낳았다   나아 / 나았다

ㄷ 받침 낱말:
도 보기   수 가락

ㅅ 받침 낱말:
도 자리   저 가락

알을 (낳)았다.
송아지를 (   )았다.

감기가 (나)았다.
다리가 다 (   )았다.

외워야 하는 모음

DAY 21 지네세요 vs 지내세요

DAY 22 웬지 vs 왠지

DAY 23 애들아 vs 얘들아

DAY 24 갠찮아 vs 괜찮아

오늘의 맞춤법

지네세요 VS 지내세요

★ 아래에서 틀린 글자를 바르게 고쳐 보세요.

선생님, 잘 지네세요?
↘ 내

네 ➡

맞춤법 팁

내 [내]   네 [네]
ㅐ 모음과 ㅔ 모음은 비슷한 소리가 나요.

ㅐ 모음 낱말	ㅔ 모음 낱말
지내다. 꺼내다. 보내다.	그네 네모

★ 빈 칸에 'ㅐ' 모음을 넣어 낱말을 완성하고, 한 번 더 써 보세요.

| 지내다. | | 꺼내다. | |
| 보내다. | | 그래서 | |

★ 빈 칸에 'ㅔ' 모음을 넣어 낱말을 완성하고, 한 번 더 써 보세요.

주세요.		잘 먹네.	
안녕하세요.		열심히 하네.	
엄마한테		오후에	
아빠한테		놀이터에서	
할머니께		친구에게	

★ 다음 메모에 들어갈 알맞은 모음을 써 보세요.

깜짝 파티 계획

언제 : 오후 3시○   어디에서 : 공원○서

누구에게 : 도사님끄 노ㄹ 를 불러드리자.

★ 밑줄 친 부분을 바르게 고쳐 보세요.

1 잘 <u>지네세요</u>.   (➡   )

2 안녕히 <u>계새요</u>.   (➡   )

3 밥을 맛있게 <u>먹내</u>.   (➡   )

4 <u>그레서</u> 건강하구나. (➡   )

5 우리 <u>엄마한태</u> 다 말해. (➡   )

파워 업

★ 'ㅐ', 'ㅔ' 모음에 동그라미 하고, 아랫줄에 따라 써 보세요.

1 보물을 꺼내다.

2 방학을 보내다.

3 잘 지내세요.

4 안녕히 계세요.

5 노래를 잘하네.

6 맛있게 먹네.

7 그래서

8 오후에 공원에서

9 도사님께 그네를

10 엄마한테 다 말해.

* 마침표가 있는 곳과 없는 곳을 잘 확인하세요!

오늘의 맞춤법

웬지 VS 왠지

★ 아래에서 틀린 글자를 바르게 고쳐 보세요.

오늘은 ~~웬지~~ 왠 기분이 좋아.

웬지 ➡

맞춤법 팁

국어사전에 '왠'으로 시작하는 건 '왠지'밖에 없어요.

'왠'을 쓰는 경우

왠지

왠지는 '왜 그런지 모르게' 라는 뜻으로 '왜' 모음을 그대로 써요!

'웬'을 쓰는 경우

웬일이야, 웬걸, 웬만큼, 웬만하면, 웬 떡이야, 웬일로, 웬 꼬마가, 웬…

'왠지'를 빼고 전부 '웬'을 써요.

기본기 다지기

★ 빈 칸에 '왠' 글자를 넣어 낱말을 완성하고, 뜻을 알아봅시다.

1 왠 지 = 왜 그런지 모르게, 뚜렷한 이유도 없이

2 ☐ 지 모르게 불안하다. = 왜인지 모르게 불안하다.

3 ☐ 지 기분이 좋아. = 왜인지 기분이 좋아.

틈새 강의

'왠지'는 '왜인지'가 줄어든 말이에요.
'지' 글자를 잘 기억하세요!

★ 빈 칸에 '웬' 글자를 넣어 낱말을 완성하고, 뜻을 알아봅시다.

1 웬 = 어찌 된, 어떠한
       (예) 웬 떡이냐, 웬 꽃이야?

2 ☐ 일 = 어찌 된 일. 의외의 뜻을 나타냄

3 ☐ 만하면 = 정도가 일반적인 것보다 조금 더 나으면

4 ☐ 만큼 = 어느 정도에서 크게 벗어나지 않을 만큼

★ 바르게 쓴 글자를 찾아 동그라미 해 보세요.

1. (왠 / 웬)일로 네가 늦잠을 잤어?

2. 이게 (왠 / 웬) 떡이냐.

3. 네가 우리 집엔 (왠 / 웬)일이야?

4. (왠 / 웬)만하면 겉옷을 입으렴.

5. (왠 / 웬)지 오늘따라 기분이 좋다.

★ 아래 일기에서 틀린 글자를 바르게 고쳐 보세요.

웬지 오늘따라 도사님이 슬퍼 보였다.　(➡　　　)

길에 왠 꽃집이 있길래 튤립을 샀다.　(➡　　　)

도사님은 왠 꽃이냐고 물었다.　(➡　　　)

왠만하면 잘 울지 않던 도사님이　(➡　　　)

왠일인지 눈물을 흘렸다.　(➡　　　)

파워 업

★ '왠', '웬' 글자에 동그라미 하고, 아랫줄에 따라 써 보세요.

1	왠	지		기	분	이		좋	아	.
2	왠	지		모	르	게		슬	퍼	.
3	여	긴		웬	일	이	야	?		
4	웬	일	로		늦	잠	을		잤	어	?
5	웬	만	하	면		참	아	라	.	
6	영	어	를		웬	만	큼		한	다	.
7	웬		떡	이	냐	?				
8	웬		꽃	이	야	?				
9	웬		도	둑	이		나	타	났	다	.
10	왠	지		모	르	게		어	설	프	다	.

오늘의 맞춤법

DAY 23

애들아 VS 얘들아

★ 아래에서 틀린 글자를 바르게 고쳐 보세요.

애 ➡

맞춤법 팁

'얘'는 '이 아이'가 줄어든 말이에요.

얘 = '이 아이'가 줄어든 말
걔 = '그 아이'가 줄어든 말
쟤 = '저 아이'가 줄어든 말

애 = '아이'가 줄어든 말

★ 빈 칸에 알맞은 낱말을 쓰고, 두 번씩 소리내어 읽어 보세요.

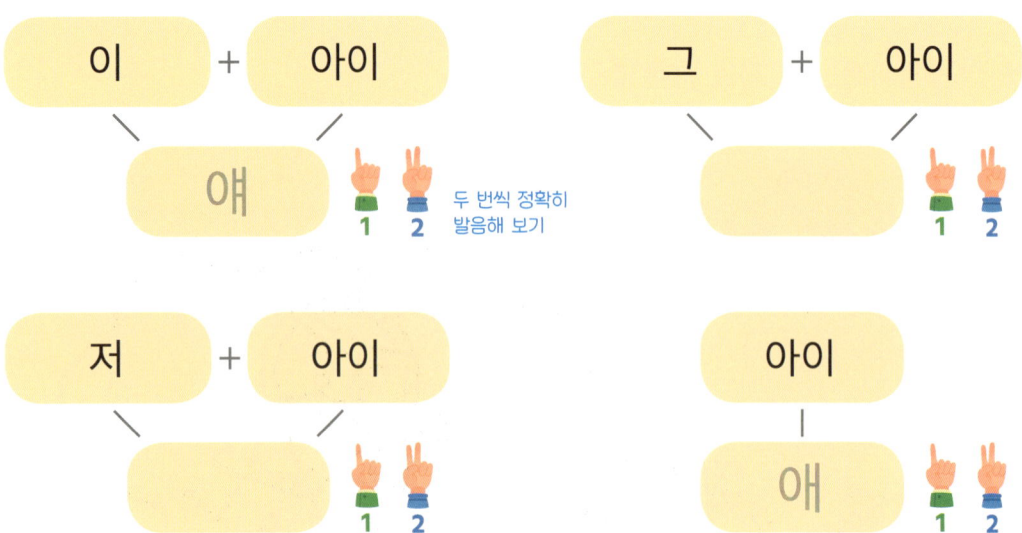

★ 밑줄 친 부분을 한 글자 낱말로 줄여 보세요.

1 <u>이 아이</u>가 그랬어요. ➡ (   )가 그랬어요.

2 <u>저 아이</u> 좀 보세요. ➡ (   ) 좀 보세요.

3 <u>그 아이</u> 참 멋있더라. ➡ (   ) 참 멋있더라.

4 이상한 <u>아이</u> ➡ 이상한 (   )

5 착한 <u>아이</u> ➡ 착한 (   )

내공 쌓기

★ 아래 대화에서 괄호 안의 말을 줄여 써 보세요.

A : (저 아이)가 너 좋아한대. ➡ _____

B : 아냐, (그 아이)가 그럴 리 없어. ➡ _____

C : 어머, (이 아이) 좀 봐. ➡ _____

D : 다른 (아이)들은 벌써 알고 있어! ➡ _____

★ 바르게 쓴 글자를 찾아 동그라미 해 보세요.

1   (애 / 얘)들아.

2   (재 / 쟤)가 내 동생이야.

3   저 (애 / 얘)가 네 동생이라고?

4   (걔 / 개) 정말 친절하더라.

5   맞아, 그 (애 / 얘)는 천사야.

파워 업

★ 'ㅐ', 'ㅒ' 모음에 동그라미 하고, 아랫줄에 따라 써 보세요.

1 그 애 참 멋있더라.

2 걔 참 멋있더라.

3 쟤는 뭐 먹어?

4 저 애는 뭐 먹어?

5 얘들아, 뭐 해?

6 얘가 그랬어요.

7 그 애는 천사야.

8 걔는 천사야.

9 저 애는 널 좋아해.

10 쟤는 널 좋아해.

 오늘의 맞춤법 DAY 24

갠찮아 VS 괜찮아

★ 아래에서 틀린 글자를 바르게 고쳐 보세요.

틀려도 ~~괜찮아~~. → 괜
노력하는 모습이 더 중요한 거야.

갠 ➡

맞춤법 팁

받아쓰기를 잘 하려면
평소에 정확하게 발음해야 해요.

개물 X
갠찮아 X
개롭히다 X

➡

괴물
괜찮아
괴롭히다

★ 빈 칸에 'ㅚ' 모음을 넣어 낱말을 완성하고, 두 번씩 소리내어 읽어 보세요.

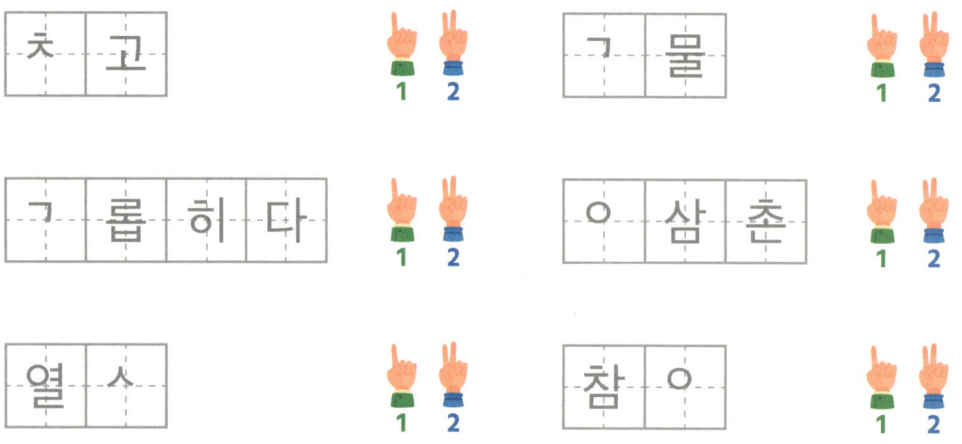

★ 빈 칸에 'ㅙ' 모음을 넣어 낱말을 완성하고, 두 번씩 소리내어 읽어 보세요.

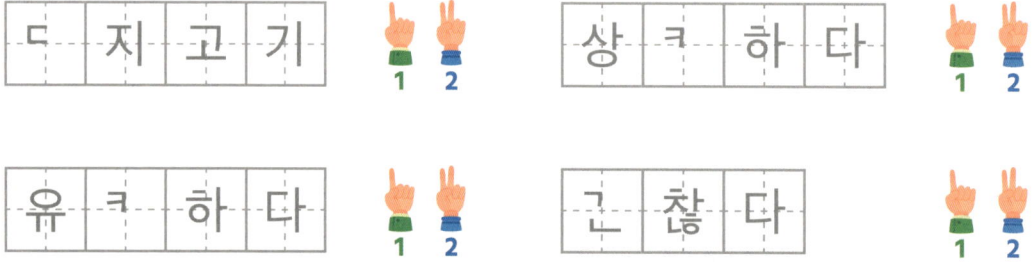

★ 바르게 쓴 낱말을 찾아 동그라미 해 보세요.

1 채고   최고   쵀고
2 상쾨하다   상쾌하다   상캐하다

3 개물   괴물   괘물
4 유쾨하다   유쾌하다   유캐하다

5 열쇄   열쇠   열새
6 갠찮다   괸찮다   괜찮다

★ 밑줄 친 부분을 바르게 고쳐 보세요.

1 동물을 <u>개롭</u>히지마.   (➡   )

2 <u>후홰</u>하게 될 거야.   (➡   )

3 <u>왜</u>삼촌은 나에게 친절하다.   (➡   )

4 맛있는 <u>되</u>지고기를 사 주셨다.   (➡   )

5 우리 딸이 <u>채</u>고야!   (➡   )

파워 업

★ 'ㅚ', 'ㅙ' 모음에 동그라미 하고, 아랫줄에 따라 써 보세요.

1. 틀려도 괜찮아.
2. 우리 딸이 최고야.
3. 동물을 괴롭히지 마.
4. 후회하게 될 거야.
5. 괴물이 나타났다.
6. 마법의 열쇠
7. 친절한 외삼촌
8. 잘 익은 돼지고기
9. 상쾌한 바람이 분다.
10. 유쾌한 장난

* 마침표가 있는 곳과 없는 곳을 잘 확인하세요!

제5회 받아쓰기 레벨테스트

맞춤법 영역

성명 _____ 수험번호 _____

1 다음 중 맞춤법이 틀린 것은?

① 잘 지네세요.
② 그네
③ 노래를 잘하네.
④ 물을 꺼내다.

2 빈 칸에 공통으로 들어갈 모음을 고르세요.

> 오후 3시 ◯ 공원 ◯ 서 산책을 했어요.

① ㅔ   ② ㅐ

3 아래 괄호 안에 들어갈 말을 고르세요.

> ( )지는
> '왜 그런지 모르게'라는 뜻이에요.

① 왠   ② 웬

4 다음 중 맞춤법에 맞게 쓴 것은?

① 웬만하면
② 웬 떡이냐
③ 웬일로 늦잠을 자다.
④ 웬지 기분이 좋아.

5 맞춤법에 맞게 쓴 것을 고르세요.

• 길에 (웬 / 왠) 꽃집이 있길래
• (왠 / 웬)일인지 눈물을 흘렸다.

6 빈 칸에 들어갈 말을 보기에서 골라 쓰세요.

| 보기 | 얘 | 재 | 걔 |

저 + 아이 → _____   그 + 아이 → _____

7 맞춤법이 <u>틀린</u> 것을 고르세요.

① <u>얘</u>들아, 뭐해?
② <u>얘</u>가 내 동생이다.
③ <u>걔</u> 정말 친절하더라.
④ <u>재</u> 좀 봐.

8 바르게 쓴 것에 O 하세요.

• 틀려도 (갠찮아 / 괜찮아).

• 우리 아들이 (최고 / 쵀고)!

• 친구를 (걔롭히지 / 괴롭히지) 마.

9 빈 칸에 공통으로 들어갈 모음을 고르세요.

열 ㅅ   ㄱ 물   ㅇ 삼촌

① ㅙ   ② ㅚ   ③ ㅐ

10 다음 중 맞춤법에 <u>맞게</u> 쓴 것은?

① 상쾨한 바람이 분다.
② 괴물이 나타났다!
③ 잘 익은 되지고기
④ 유쾨한 장난을 치다.

점수: / 100

마인드맵으로 완벽 정리!

ㅐ 모음 낱말:
지 ㄴ 다. 꺼 ㄴ 다.

ㅔ 모음 낱말:
그 ㄴ , ㄴ 모

내[내]   네[네]   왠지   웬

웬일이야, 웬걸, 웬만큼, 웬만하면, 웬 떡이야, 웬일로, 웬 꼬마가, 웬…

ㅐ 모음과 ㅔ 모음은 비슷한 소리가 난단다.

국어사전에 '왠'으로 시작하는 건 '왠지' 밖에 없어.

지네세요 vs 지내세요   웬지 vs 왠지

Lv 5
외워야 하는 모음

애들아 vs 얘들아   갠찮아 vs 괜찮아

'얘'는 '이 아이'가 줄어든 말이에요.

받아쓰기를 잘 하려면 평소에 정확하게 발음해야 해.

(얘) : '이 아이'가 줄어든 말
(   ) : '그 아이'가 줄어든 말
(   ) : '저 아이'가 줄어든 말
애 : '아이'가 줄어든 말

채고 최고 쵀고
개물 괴물 괘물
열쇄 열쇠 열새

Lv 6
넘어야 할 관문

DAY 26 천원 vs 천 원

DAY 27 안놀아 vs 안 놀아

DAY 28 맞히다 vs 맞추다

DAY 29 엄마 vs 엄마,

 오늘의 맞춤법 **DAY 26**

천원 VS 천 원

★ 아래에서 띄어쓰기를 바르게 고쳐 보세요.

이 연필은 얼마예요?

천원!

천원 ➡

맞춤법 팁

단위를 나타내는 말은 띄어 써요.

동물을 셀 때	꽃을 셀 때	돈을 셀 때
한 마리	한 송이	십 원
두 마리	두 송이	백 원
세 마리	세 송이	천 원

기본기 다지기

★ 보기와 같이 밑줄 친 부분을 띄어쓰기하여 빈 칸을 채워 보세요.

보기 : 책 <u>한 권</u> ➡ | 한 | | 권 |

꽃 <u>열 송이</u> ➡

나이 <u>열네 살</u> ➡

전화 <u>열두 통</u> ➡

배 <u>열다섯 척</u> ➡

신발 <u>두 켤레</u> ➡

개 <u>다섯 마리</u> ➡

물 <u>세 모금</u> ➡

나무 <u>서른 그루</u> ➡

차 <u>여덟 대</u> ➡

배추 <u>마흔 포기</u> ➡

주스 <u>아홉 컵</u> ➡

<u>오천삼백 원</u> ➡

한 걸음 더

1, 2, 3, 4와 같은 숫자는 단위와 붙여 쓸 수 있어요.
예) 2025년, 8살, 2시, 30분

 내공 쌓기

★ 아래 쪽지에서 바르게 띄어쓰기 한 것에 O해 보세요.

니은아, 마트에 가서 장을 봐 오렴.

살 것: 감자 (열 개 / 열개), 시금치 (한단 / 한 단)

음료 (세 캔 / 세캔), 과자 (네 봉지 / 네봉지)

배추 (두 포기 / 두포기), 고등어 (다섯 마리 / 다섯마리)

— 도사님

★ 아래 그림에서 보이는 것을 모두 써 보세요.

예) 고양이 (두 마리)

나무 (   )   꽃 (   )

차 (   )   신발 (   )

파워 업

★ 띄어쓰기에 유의하며, 아랫줄에 따라 써 보세요.

1. 책 한 권
2. 신발 두 켤레
3. 물 세 모금
4. 라면 네 그릇
5. 개 다섯 마리
6. 차 여덟 대
7. 나무 열 그루
8. 꽃 열한 송이
9. 오천삼백 원
10. 삼백육십 원

 오늘의 맞춤법　　

안놀아 VS 안 놀아

★ 아래에서 띄어쓰기를 바르게 고쳐 보세요.

노래를 못 부른다고 기역이가 니은이를 놀렸어요.

너랑 **안˅놀아!**

안놀아 ➡

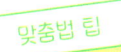 맞춤법 팁

'안', '못'은 앞뒤 말과 띄어 써요.

너랑˅안˅놀아.
책을˅안˅읽어.
아직˅안˅자네.

걔는˅못˅말려.
그건˅못˅먹어.
나는˅못˅달려.

 기본기 다지기

★ 보기와 같이 띄어쓰기를 하여 빈 칸을 채워 보세요.

보기 아직 안 자네. ➡ 아직 안 자네.

나 안 해. ➡

걔는 못 말려. ➡

밥 안 먹어. ➡

잠을 안 자. ➡

그건 못 참지. ➡

숙제를 안 했어. ➡

정말 못 살아. ➡

 틈새 강의

'못하다, 못되다'는 붙여 써요!
너무 자주 쓰여, 하나의 낱말이 되어버렸거든요!

1. 못하다 : 잘하다의 반댓말, 능력이 없다.
예) 걔는 노래를 못해. 쟤는 달리기를 못해.

2. 못되다 : 착하다의 반댓말, 성품이 좋지 않거나 고약하다.
예) 못된 사람, 그는 아주 못됐어.

내공 쌓기

★ 니은이의 편지에서 바르게 띄어쓰기 한 것에 O해 보세요.

기역아, 친구를 놀리면 (안돼 / 안 돼).

노래를 (못하는 / 못 하는)건 나쁜 게 아냐.

친구를 비웃다니 정말 (못됐어 / 못 됐어).

한 번만 더 그러면 너랑 (안 놀 거야 / 안놀 거야).

—니은이가

★ 기역이의 답장을 읽고, 밑줄 친 부분을 바르게 띄어 써 보세요.

미안해, 니은아.

앞으로는 <u>안놀릴게.</u> (➡   )

네가 상처받을 거라고 생각을 <u>못 했어.</u> (➡   )

나랑 <u>안논다니</u> 마음이 아파. (➡   )

용서해 주면 <u>안될까?</u> (➡   )

파워 업

★ 띄어쓰기에 유의하며, 아랫줄에 따라 써 보세요.

1. 그건 못 참지.
2. 정말 못 살아.
3. 너랑 안 놀아.
4. 책을 안 읽어.
5. 아직 안 자네?
6. 놀리면 안 돼.
7. 나 안 해.
8. 노래를 못하다. ★띄어쓰기 조심!
9. 생각을 못했어. ★띄어쓰기 조심!
10. 못된 아이구나. ★띄어쓰기 조심!

오늘의 맞춤법

맞히다 VS 맞추다

★ 아래에서 틀린 글자를 바르게 고쳐 보세요.

퍼즐을 전부 맞히다.
→ 추

맞히다 ➡

 맞춤법 팁

소리가 비슷한 낱말을 알아봐요!

맞히다 : 문제의 답을 맞게 하다. 과녁 등을 맞게 하다 등
정답을 맞히다, 화살로 과녁을 맞히다

맞추다 : 가지런히 하다. 기준에 맞게 하다 등
퍼즐을 맞추다, 간을 맞추다, 안경을 맞추다, 교복을 맞추다, 입을 맞추다

★ '맞히다'와 '맞추다'를 상황에 맞게 구분하고, 따라 써 보세요.

'맞추다'는 뜻만 열 개가 넘어!
자주 보면서 예시 글에 익숙해지자~

★ 바르게 쓴 글자를 찾아 동그라미 해 보세요.

1. 수학 문제의 답을 (맞히다 / 맞추다).
   책상 줄을 (맞히다 / 맞추다).

2. 퀴즈의 답을 (맞혀 / 맞춰) 보세요.
   안경을 새로 (맞춰 / 맞혀) 먼 곳도 잘 보인다.

3. 문제의 답을 (맞힌 / 맞춘) 분께 상금을 줍니다.
   이 퍼즐을 다 (맞힌 / 맞춘) 분께 선물을 드려요.

★ 빈 칸에 들어갈 말을 보기에서 골라 써 보세요.

   맞췄다   맞혔다

1. 수수께끼의 답을 모두 (   ).

2. 교복을 새로 (   ).

3. 화살로 적군의 어깨를 (   ).

4. 정답을 모두 (   ).

파워 업

★ '맞히다', '맞추다' 글자에 동그라미 하고, 아랫줄에 따라 써 보세요.

1 문제의 답을 맞히다.

2 정답을 다 맞혔다.

3 답을 맞히신 분께

4 화살로 과녁을 맞혔다.

5 책상 줄을 맞추다.

6 젓갈로 간을 맞추다.

7 퍼즐을 전부 맞췄다.

8 안경을 새로 맞췄다.

9 교복을 새로 맞췄다.

10 볼에 입을 맞추다.

오늘의 맞춤법 **DAY 29**

엄마 VS 엄마,

★ 아래 글에서 빠진 문장부호를 넣어 보세요.

엄마 뭐해?
엄마 나 좀 도와줘.
엄마 나 배고파.
엄마 내 모자 어딨어?

엄마☐ ➡

맞춤법 팁

누구를 부르는 말 뒤에는, **쉼표**를 써요.

아빠, 저 배고파요.
얘들아, 밥 먹어.
여보, 뭐해?
엄마, 사랑해.
할머니, 어디 계세요?

★ 문장부호의 쓰임을 알아보고, 빈 칸에 문장부호를 채워 보세요.

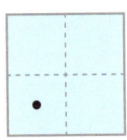
마침표
: 마침표는 설명하는 문장 끝에 써요.
➡ 밥을 먹는다 ☐   ➡ 잠을 잔다 ☐

쉼표
: 쉼표는 누군가를 부를 때 써요.
➡ 딸아 ☐ 너를 사랑해.   ➡ 아들아 ☐ 늘 고맙다.

: 낱말을 나열할 때 써요.
➡ 가게에 가면 사과 ☐ 딸기 ☐ 호박 등이 있다.

물음표
: 물음표는 물어볼 때 써요.
➡ 지금 어디야 ☐   ➡ 밥 먹었어 ☐

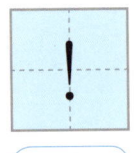
느낌표
: 느낌표는 감탄할 때 써요.
➡ 대단해 ☐   ➡ 정말 멋지다 ☐

★ 빈 칸에 문장부호 이름을 쓰고, 알맞은 설명과 이어 보세요.

. (　　　) •　　　　• 부르는 말 뒤에 써요.
　　　　　　　　　　낱말을 나열할 때 써요.

, (　　　) •　　　　• 물어볼 때 써요.

? (　　　) •　　　　• 감탄할 때 써요.

! (　　　) •　　　　• 설명하는 문장 끝에 써요.

★ 알맞은 문장부호를 생각하여 써 보세요.

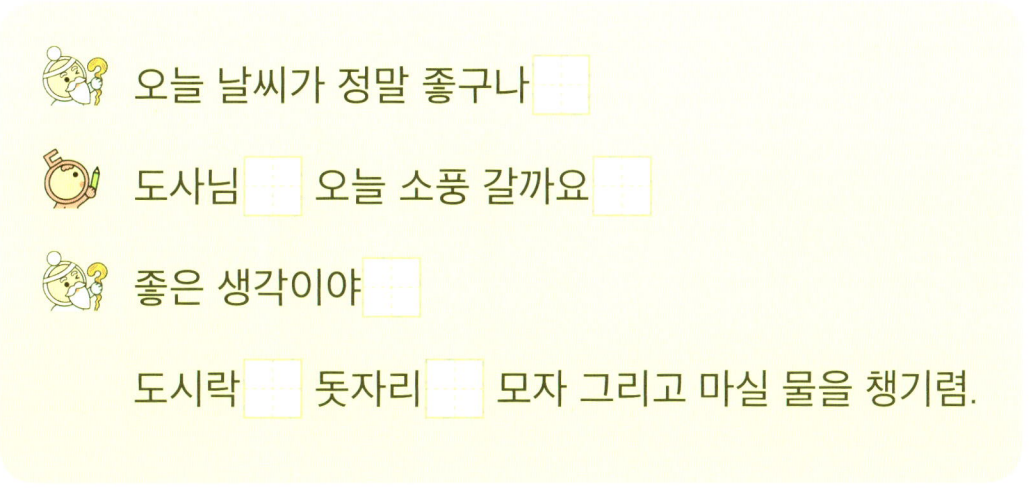

오늘 날씨가 정말 좋구나 □

도사님 □ 오늘 소풍 갈까요 □

좋은 생각이야 □

도시락 □ 돗자리 □ 모자 그리고 마실 물을 챙기렴.

파워 업

★ 문장부호에 동그라미 하고, 아랫줄에 따라 써 보세요.

1 애들아, 뭐 해?

2 지금 어디야?

3 네 마음 속이야.

4 장난치지 마.

5 사실 농장에 왔어.

6 닭, 오리, 염소

7 토끼야, 반가워.

8 너 정말 귀엽구나!

9 얘, 이거 좀 봐.

10 다음에 또 보자.

제6회 받아쓰기 레벨테스트

맞춤법 영역

성명 _____   수험번호 _____

1 다음 중 바르게 띄어쓴 것은?

① 책 한권
② 신발 두켤레
③ 나이 여덟 살
④ 전화 일곱통

2 빈 칸에 알맞은 말을 써 보세요.

꽃열한송이
➡ _____

삼백육십원
➡ _____

3 바르게 띄어쓴 것을 고르세요.

• 너랑 (안 놀아 / 안놀아).
• 책을 (안 읽어 / 안읽어).
• 놀리면 (안 돼 / 안돼).

4 다음 중 띄어쓰기가 **틀린** 것은?

① 그건 못 참아.
② 정말 못 살아.
③ 노래를 못 하다.
④ 못된 아이구나.

5 맞춤법에 **맞게** 쓴 것을 고르세요.

• 퀴즈의 답을 (맞히다 / 맞추다).
• 정답을 (맞혀 / 맞춰) 봐.
• 책상 줄을 (맞히다 / 맞추다).

6 빈 칸에 공통으로 들어갈 말을 고르세요.

안경을 새로 ( ).
퍼즐을 전부 ( ).

① 맞혔다   ② 맞췄다

7 다음 중 '맞추다'를 쓰는 경우가 아닌 것은?

① 젓갈로 간을 맞추다.
② 교복을 새로 맞추다.
③ 볼에 입을 맞추다.
④ 화살로 과녁을 맞추다.

8 빈 칸에 알맞은 문장부호 또는 이름을 쓰세요.

· (　　　　)

☐ (쉼표)

☐ (물음표)

! (　　　　)

9 빈 칸에 공통으로 들어갈 문장부호를 고르세요.

| 엄마(　) 사랑해요. |
| 얘들아(　) 뭐해? |

① .　② ,　③ ?　④ !

10 빈 칸에 알맞은 문장부호를 쓰세요.

· 토끼야(　) 반가워(　)

· 너 정말 귀엽구나(　)

점수:　　　　/ 100

 마인드맵으로 완벽 정리!

한 마리	한 송이	너랑 안 놀아.	걔는 못 말려.
두 마리	두 송이	책을 안 읽어.	그건 못 먹어.
세 마리	세 송이	아직 안 자네.	나는 못 달려.

동물을 셀 때 · 꽃을 셀 때 · 안 · 못

단위를 나타내는 말은 띄어 써.

'안', '못'은 앞뒤 말과 띄어 써요.

천원 vs 천 원 · 안놀아 vs 안 놀아

 Lv 6

넘어야 할 관문

맞히다 vs 맞추다 · 엄마 vs 엄마,

소리가 비슷한 낱말을 알아봐요!

누구를 부르는 말 뒤에는 ,(쉼표)를 씁니다.

맞히다.	맞추다.
퀴즈 답을 맞히다.	책상 줄을 맞추다.
화살로 과녁을 맞혔다.	퍼즐을 맞춰 봐.
	안경을 새로 맞췄다.

.	( )	설명하는 문장 끝에 써요.
,	( )	부르는 말 뒤에 써요. 낱말을 나열할 때 써요.
	(물음표)	물어볼 때 써요.
!	( )	감탄할 때 써요.

정답

DAY 1 그런대 vs 그런데

17쪽

는대 ➡ 는데

18쪽

먹었는데, 잤는데, 마셨는데

1. (대 /(데))
2. (대 /(데))
3. (입었는데 / 입었는대)
4. (잤는대 / 잤는데)

19쪽

1. (➡ 데)
2. (➡ 데)
3. (➡ 데)
4. (➡ 데)

1. 데
2. 데
3. 데

DAY 2 나온데 vs 나온대

21쪽

데 ➡ 대

22쪽

1. 나온대.
2. 맛있대.
3. 준대.

1. ((대)/ 데)
2. ((대)/ 데)
3. (예쁜데 / 예쁜대)
4. (소중한대 / 소중한데)

23쪽

1. (➡ 대)
2. (➡ 대)
3. (➡ 대)
4. (➡ 대)
5. (➡ 대)

1. 대
2. 대
3. 대

DAY 3 에요 vs 예요

25쪽

에요 ➡ 예요

26쪽

언제예요?
어디예요?

1. (에요 /(예요))
2. (에요 /(예요))
3. (에요 /(예요))

27쪽

1. 예요
2. 예요

3. 예 요

받 침

DAY 4 이예요 vs 이에요

29쪽

이예요 ➡ 이에요

30쪽

연필이에요.
아니에요.

1. (이에요 / 이예요)
2. (아니에요 / 아니예요)
3. (이에요 / 이예요)
4. (아니에요 / 아니예요)

31쪽

1. 기린이 에요.   기린이에요.   기린 이 에요.
2. 다행이에요.   다행이 에요.   다행 이 에요.
3.   아니 에요.   아니에요.

1. 사 슴 이 에 요 .
2. 사 슴 이 ⌀ 아 니 에 요 .
3. 연 필 이 에 요 .
4. 연 필 이 ⌀ 아 니 에 요 .

DAY 5 제1회 받아쓰기 레벨테스트

33쪽

1. ④
2. ②
3. 대

4. ④
5.   사슴이 에요.   사슴이에요.
      다행이에요.   다행이 에요.
6. (이에요 / 이예요)
   (아니에요 / 아니예요)
   (이에요 / 이예요)
7. ①
8. ④
9. O
10. (에요 / 예요)
    (에요 / 예요)

DAY 6 합니다 vs 합니다

37쪽

합니다 ➡ 합니다

38쪽

합니다, 갑니다, 옵니다

감사 합 니다. 행복 합 니다. 고맙 습 니다.
즐겁 습 니다. 죄송 합 니다. 사랑 합 니다.

39쪽

1. (기쁩니다 / 기뿝니다)
2. (귀엽습니다 / 귀엽슴니다)
3. (즐겁습니다 / 즐겁슴니다)
4. (행복함니다 / 행복합니다)

1. (➡ 습)
2. (➡ 납)
3. (➡ 합)
4. (➡ 칩)
5. (➡ 놉)

DAY 7 않 vs 안

41쪽

않 ➡ 안

42쪽

1. 내가 안 먹었어. = 내가 먹지 않 았어.
2. 형이 안 마셨어. = 형이 마시지 않 았어.
3. 학교에 안 갔어. = 학교에 가지 않 았어.

1. (안/ 않)
2. (안 /않)
3. (안/ 않)
4. (안 /않)

43쪽

1. (➡ 안) 2. (➡ 않)
3. (➡ 안) 4. (➡ 않)
5. (➡ 안) 6. (➡ 않)

DAY 8 있어다 vs 있었다

45쪽

어 ➡ 었

46쪽

1. 재미있 었 다.
2. 아니 었 다.
3. 갔 다.
4. 맛있 었 다.

1. 배(워 /웠)다.
2. 받(앗 /았)다.
3. 주(어 /었)다.

4. 기뻐(햇 /했)다.

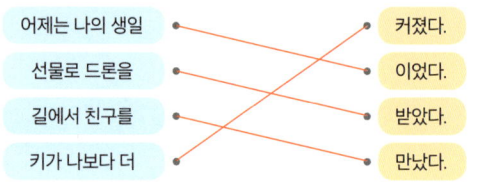

1. 재 미 있 었 다 .
2. 맛 있 다 .
3. 맛 있 었 다 .

DAY 9 어떻해 vs 어떡해

49쪽

떻 ➡ 떡

50쪽

1. 어 떡 해 = 어 떻 게 해
2. 어 떡 하면 = 어 떻 게 하면
3. 어 떡 하지 = 어 떻 게 하지
4. 어 떡 할까 = 어 떻 게 할까

51쪽

1. (어떡해 / 어떻해)
= (어떡게 하지 / 어떻게 하지)
2. (어떡헤 / 어떡해)
= (어떻게 해 / 어떡개 해)
3. (어떻게요 / 어떡해요)
= (어떻게 해요 / 어떠캐 해요)

1. 어 떡 하 지
2. 어 떻 게
3. 어 떡 하 지

4. 어 떻 게

DAY 10 제2회 받아쓰기 레벨테스트

53쪽

1. ③
2. ②
3. ②
4. ①
5. 밥을 안 먹었다. (◯)
6. (안 / 않)
   (안 / 않)
   (안 / 않)
7. ②
8. ③
9. 떡
10. (어떡해 / 어떻해)?
    (어떻게 해 / 어떻개 해)?

DAY 11 베게 vs 베개

57쪽

베게 ➡ 베개

58쪽

1. 날개, 덮개, 지우개, 베개
2. 코흘리개, 오줌싸개

59쪽

지우개, 베개, 물뿌리개, 날개

(➡ 오줌싸개)
(➡ 베개)
(➡ 덮개)

(➡ 날개)

DAY 12 멋지개 vs 멋지게

61쪽

개 ➡ 게

62쪽

멋지게, 예쁘게, 느리게, 빠르게

1. 벼가 노랗 게 익어요.
2. 단풍이 빨갛 게 물들어요.
3. 숲을 푸르 게 가꾸어요.
4. 겨울 눈이 하얗 게 쌓여요.

63쪽

1. (게 / 개)
2. (개 / 게)
3. (게 / 개)
4. (게 / 개)
5. (게 / 개)

(➡ 세게)
(➡ 따뜻하게)
(➡ 빠르게)
(➡ 맛있게)

DAY 13 되 vs 돼

65쪽

되 ➡ 돼

66쪽

1. 안 되어. = 안 돼 .

2. 울면 안 되어. = 울면 안 돼.
3. 말도 안 되어. = 말도 안 돼.

1. (➡ 돼)
2. (➡ 돼)
3. (➡ 돼)
4. (➡ 돼)

67쪽

(안 돼) (안 돼)
(돼) (돼)

1. 져도 돼.
2. 틀려도 돼.
3. 해도 돼.
4. 안 돼.

DAY 14 에 vs 의

69쪽

에 ➡ 의

70쪽

1. (의/ 에)
2. (의/ 에)
3. (의/ 에)
4. (의/ 에)

71쪽

1. (➡ 의)
2. (➡ 의)
3. (➡ 의)
4. (➡ 의)

1. 토끼 의   토끼의
2. 할머니의   할머니 의
3. 고양이 의 고양이의

DAY 15 제3회 받아쓰기 레벨테스트

73쪽

1. ②
2. 코흘리개
3. ②
4. ④
5. 이쑤시(개/ 게)
   반갑(개 /게)
   천사의 날(개/ 게)
6. 울면 안 돼. (◯)
7. ②
8. 안 돼.
9. ②
10. 엄마(의/ 에)
    토끼(에 /의) 수염

DAY 16 깎두기 vs 깍두기

77쪽

깎 ➡ 깍

볶다   낚시
낚다   창밖
닦다   손톱깎이
묶다   꺾다

썩다   깍두기
새벽   막다

79쪽

1. (썪다 / **썩다**).
2. (**섞다** / 석다).
3. (깍다 / **깎다**).
4. (꺽다 / **껶다**).

4개

DAY 17 십어요 vs 싶어요

81쪽

십 ➡ 싶

82쪽

업다   덥다
손톱   발톱
싶어요   엎지르다
무릎   잎
갚다   덮다
옆   앞

83쪽

DAY 18 돗자리 vs 돗자리

85쪽

돋 ➡ 돗

86쪽

돋보기   숟가락
걷다   듣다
받다   쓰레받기

돗자리   젓가락
빗자루   씻다

87쪽

1. (**돗** / 돋)
2. (돗 / **돋**)
3. (**숫** / 숟)
4. (**젓** / 젇)
1. (➡ 듣다)
2. (➡ 걷다)
3. (➡ 받았다)
4. (➡ 빗자루)
5. (➡ 쓰레받기)

DAY 19 낳아 vs 나아

89쪽

낳 ➡ 나

90쪽

1. 낳아   낳아서
2. 좋아   좋아서
3. 놓아   놓아서
4. 쌓아   쌓아서

91쪽

1. (나았다 / ⨀낳았다⨀)
2. (나으렴 / ⨀낳으렴⨀)
3. (나았다 / ⨀낳았다⨀)
4. (⨀나았다⨀ / 낳았다)

1. (➡ 낳아서)
2. (➡ 좋았다)
3. (➡ 놓았고)
4. (➡ 넣어)

DAY 20 제4회 받아쓰기 레벨테스트

93쪽

1. ③
2. ②
3. ②
4. ②
5. (⨀돗⨀ / 돋)자리
   (돗 / ⨀돋⨀)보기
6. ③
7. 쓰레받기 (◯)
8. ②
9. ㅎ
10. (나았다 / ⨀낳았다⨀)
    (⨀나았다⨀ / 낳았다)

DAY 21 지네세요 vs 지내세요

97쪽

네 ➡ 내

98쪽

지내다.   꺼내다.
보내다.   그래서

주세요.   잘 먹네.
안녕하세요. 열심히 하네.
엄마한테   오후에
아빠한테   놀이터에서
할머니께   친구에게

99쪽

언제 : 오후 3시에 어디에서 : 공원에서
누구에게 : 도사님께 노래를 불러드리자.

1. (➡ 지내세요)
2. (➡ 계세요)
3. (➡ 먹네)
4. (➡ 그래서)
5. (➡ 엄마한테)

DAY 22 웬지 vs 왠지

101쪽

웬지 ➡ 왠지

102쪽

1. 왠
2. 왠
3. 왠

1. 웬
2. 웬
3. 웬
4. 웬

103쪽
1. (왠 /(웬))
2. (왠 /(웬))
3. (왠 /(웬))
4. (왠 /(웬))
5. ((왠)/ 웬)

(➡ 왠지)
(➡ 웬)
(➡ 웬)
(➡ 웬만하면)
(➡ 웬일인지)

DAY 23 애들아 vs 얘들아

105쪽

애 ➡ 얘

106쪽
얘, 걔, 쟤, 애

1. (➡ 얘)
2. (➡ 쟤)
3. (➡ 걔)
4. (➡ 애)
5. (➡ 애)

107쪽
A : ➡ 쟤가 너 좋아한대.
B : ➡ 아냐, 걔가 그럴 리 없어.
C : ➡ 어머, 얘 좀 봐.
D : ➡ 다른 애들은 벌써 알고 있어!

1. (애 /(얘))

2. (재 /(쟤))
3. ((애)/ 얘)
4. (개 /(걔))
5. ((애)/ 얘)

DAY 24 갠찮아 vs 괜찮아

109쪽

갠 ➡ 괜

110쪽
최고   괴물
괴롭히다   외삼촌
열쇠   참외

돼지고기   상쾌하다
유쾌하다   괜찮다

111쪽
1. 채고 (최고) 채고
2. 상쾨하다 상홰하다 상캐하다
3. 개물 (괴물) 괘물
4. 유쾨하다 유홰하다 유캐하다
5. 열쇄 (열쇠) 열새
6. 갠찮다 괸찮다 (괜찮다)

1. (➡ 괴)
2. (➡ 회)
3. (➡ 외)
4. (➡ 돼)
5. (➡ 최)

DAY 25 제5회 받아쓰기 레벨테스트

113쪽

1. ①
2. ①
3. ①
4. ④
5. (웬/ 왠)
   (왠 / 웬)
6. 쟤, 걔
7. ④
8. (갠찮아 / 괜찮아)
   (최고 / 채고)
   (개롭히지 / 괴롭히지)
9. ②
10. ②

DAY 26 천원 vs 천 원

117쪽

천원 ➡ 천 원

118쪽

열	송	이
열	두	통
두	켤	레
세	모	금
여	덟	대
아	홉	컵

열	네	살
열	다	섯	척
다	섯	마	리
서	른	그	루
마	흔	포	기
오	천	삼	백	원

119쪽

(열 개 / 열개) (한단 / 한 단)
(세 캔 / 세캔) (네 봉지 / 네봉지)
(두 포기 / 두포기) (다섯 마리 / 다섯마리)

나무 (세 그루)   꽃 (다섯 송이)
차 (네 대)   신발 (두 켤레)

DAY 27 안놀아 vs 안 놀아

121쪽

안놀아 ➡ 안 놀아

122쪽

나	안	해	.
걔	는	못	말	려	.
밥	안	먹	어	.
잠	을	안	자	.
그	건	못	참	지	.
숙	제	를	안	했	어	.
정	말	못	살	아	.

123쪽

(안돼 / 안 돼)
(못하는 / 못 하는)
(못됐어 / 못 됐어)
(안 놀거야 / 안놀거야)

(➡ 안 놀릴게)
(➡ 못했어)
(➡ 안 논다니)
(➡ 안 될까?)

DAY 28 맞히다 vs 맞추다

125쪽

맞히다 ➡ 맞추다

126쪽

| 맞 | 히 | 다 |

| 맞 | 추 | 다 |

| 맞 | 혀 | | 맞 | 춰 |
| 맞 | 혔 | 다 | 맞 | 췄 | 다 |

127쪽

1. (맞히다 / 맞추다)
= (맞히다 / 맞추다)
2. (맞혀 / 맞춰)
= (맞춰 / 맞혀)
3. (맞힌 / 맞춘)
= (맞힌 / 맞춘)

1. 맞혔다
2. 맞췄다.
3. 맞혔다
4. 맞혔다

DAY 29 엄마 vs 엄마,

129쪽

| 엄마 | ➡ | 엄마, |

130쪽

.	.
,	,
?	?
!	!

131쪽

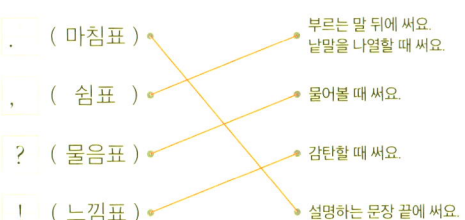

오늘 날씨가 정말 좋구나 !
도사님, 오늘 소풍 갈까요 ?
좋은 생각이야.
도시락, 돗자리, 모자 그리고 마실 물을 챙기렴.

DAY 30 제6회 받아쓰기 레벨테스트

133쪽

1. ③
2. | 꽃 | 열 한 | 송 이 |
   | 삼 백 육 십 | 원 |
3. (안 놀아 / 안놀아)
   (안 읽어 / 안읽어)
   (안 돼 / 안돼)
4. ③ (③이 틀린 이유는 '못하다'는 붙여쓰기 때문이에요.(122쪽참고))
5. (맞히다 / 맞추다)
   (맞혀 / 맞춰)
   (맞히다 / 맞추다)
6. ②
7. ④
8. (마침표)
   ,
   ?
   (느낌표)
9. ②
10. (,) (.)
    (!)

풀꽃선생님과 함께하는
맞춤법 고수 대작전

초판 1쇄 인쇄 2025년 6월 18일
초판 1쇄 발행 2025년 7월 7일

지은이 김수은(풀꽃선생님)
펴낸이 이범상
펴낸곳 (주)비전비엔피 · 그린애플

책임편집 김승희
기획편집 차재호 김혜경 한윤지 박성아 신은정
디자인 김혜림 이민선 인주영
마케팅 이성호 이병준 문세희 이유빈
전자책 김희정 안상희 김낙기
관리 이다정
인쇄 새한문화사

주소 우) 04034 서울특별시 마포구 잔다리로7길 12 (서교동)
전화 02) 338-2411 | 팩스 02) 338-2413
홈페이지 www.visionbp.co.kr
인스타그램 https://www.instagram.com/greenapple_vision
이메일 gapple@visionbp.co.kr

등록번호 제2021-000029호

ISBN 979-11-92527-93-2 64700
       979-11-92527-92-5 (세트)

· 값은 뒤표지에 있습니다.
· 잘못된 책은 구입하신 서점에서 바꿔드립니다.

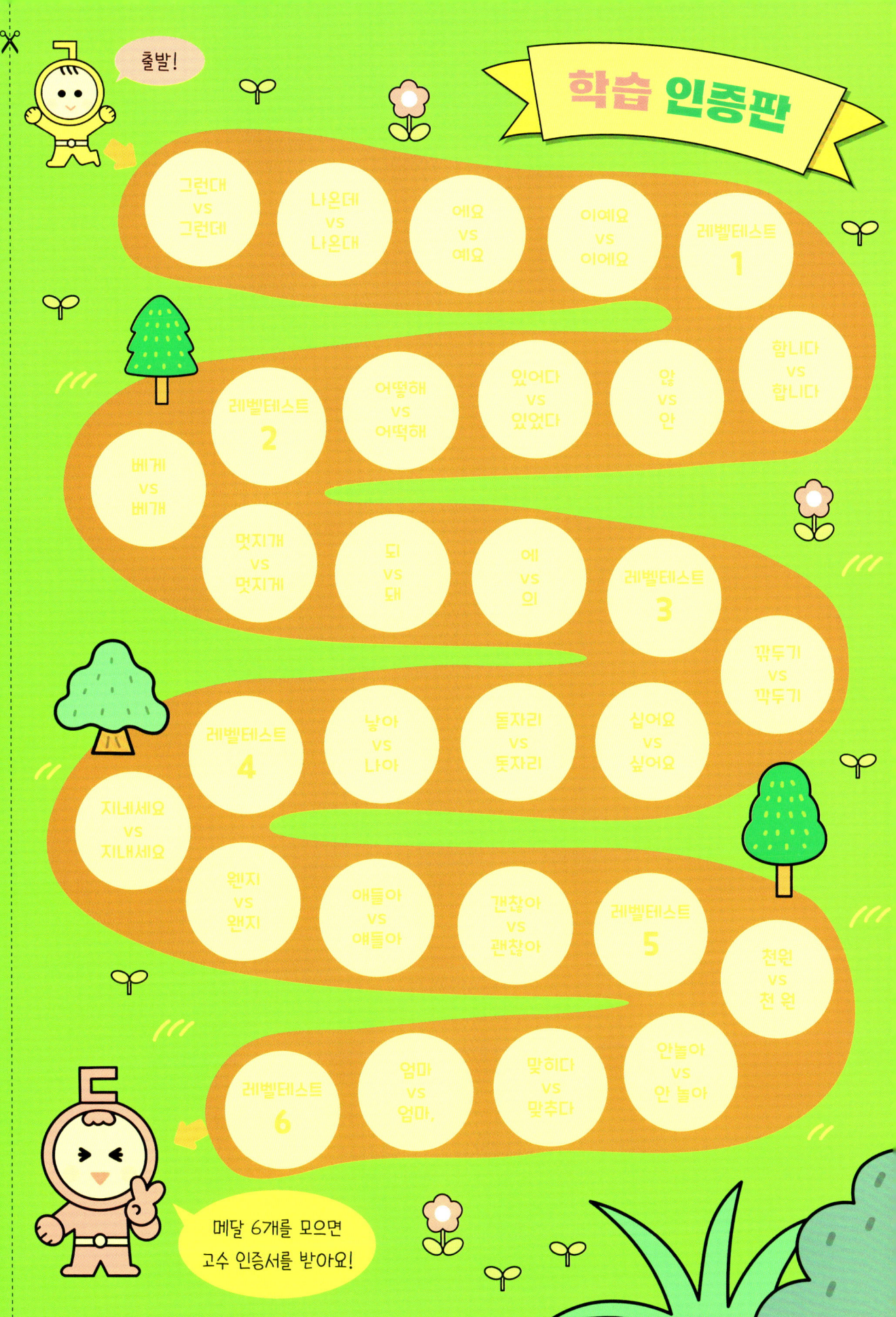

풀꽃선생님과 함께하는

받아쓰기 노트

1단계

학부모님께 받아쓰기를 하기 전에 꼭 읽어 주세요!

1. 한글을 어느 정도 익혔다면, 받아쓰기는 필수예요.

아이들은 '나의, 예쁘게, -예요' 같은 조사나 어미를 많이 헷갈려 해요. 그게 당연하지요. 배운 경험이 없으니까요. 한글을 배울 때 주로 명사나 동사 위주로 배우잖아요. 특히 조사 '~의'는 대부분의 한글 교재에서 따로 다루지 않아 성인이 되어서도 틀리는 경우가 많아요.

아이가 한글을 어느 정도 익힌 시점부터는 다양한 어미와 조사를 익힐 수 있도록 도와야 해요. 책을 많이 읽는 것도 도움 되지만 이 방법은 시간이 오래 걸리고, 언어 감각이 부족한 아이에게는 큰 효과를 기대하기 어려워요. 반면, 받아쓰기는 연습하는 과정에서 글을 읽고, 쓰고, 듣는 모든 과정이 수반되기 때문에 단기간에 훨씬 효과적으로 글을 익힐 수 있답니다.

ㄱ : 가지
ㄴ : 나비
ㄷ : 달리다 ….

한글 교재에서 배우는 내용

엄마한태   그레서   하고십어요.
그런대   맜있다.

학생들이 잘 틀리는 낱말

2. 쉬운 맞춤법 설명을 곁들이면 금상첨화!

이 책은 '연음현상'이니, 'ㄹ 첨가'와 같은 어려운 맞춤법을 알려 주지 않아요. 대신 '안'과 '않'처럼 자주 헷갈리는 표현을, 언제 써야 하는지 간단한 규칙을 알려 주죠.

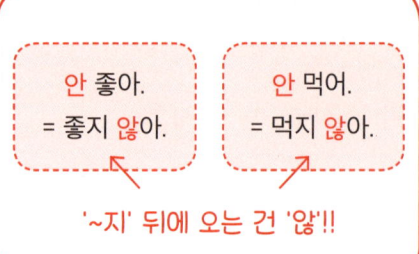

이렇게 1학년도 이해할 만한 규칙 설명과 함께 받아쓰기로 예문을 공부하면 누구나 쉽게 맞춤법을 익힐 수 있어요.

맞춤법만 제대로 써도 글의 신뢰도가 올라가잖아요. SNS의 발달로 내 생각을 글로 표현할 일이 더욱 많아진 요즘, 맞춤법은 내 말에 힘을 싣는 무기가 되어줄 거예요.

3. 맞춤법보다 중요한 건 노출!

철수(은 / 는) 학교에 간다.

한국인이라면, 위 문제의 정답을 어렵지 않게 맞힐 수 있어요. 그 이유를 정확히 알지 못해도요. 그건 한국에 살면서 '은'과 '는'을 사용하는 문장을 많이 읽었고, 썼고, 말하고, 들었기 때문이에요.

저는 아이들이 맞춤법을 달달 외우기를 바라지 않아요. 다양한 예시를 통해 바르게 쓴 글을 많이 접하기를 바란답니다. 그래서 이 책은 받아쓰기를 통해 많이 듣고 말하고, 쓰고 읽을 수 있도록 구성했어요. 맞춤법은 좀 더 효율적으로 공부하게 만드는 도구일 뿐, 결국 글을 많이 노출하는 것이 중요하다는 점을 이해하고 이 책을 활용해 주세요!

4. 아이들의 학습 태도를 결정짓는, 부모님의 관심!

　이 책은 자기주도학습이 가능하도록 만들어졌어요. 그러나 아이들을 '열심히' 하도록 만드는 데는 부모의 관심이 필요해요. 부모님께서는 아이가 받아쓰기를 공부할 때 진지한 태도로 임하는지 꼭 지켜봐 주세요. 받아쓰기 결과가 좋다면 치켜세워 주며 함께 기뻐해 주시고, 좋지 않더라도 노력한 과정을 인정하고 따뜻하게 격려해 주세요. 또 이 책에서 따로 받아쓰기를 불러 주기도 하지만, 아이가 가장 좋아하는 건 바로 부모님의 목소리예요. 만약 아이가 학습 동기가 낮다면, 처음엔 부모님께서 직접 받아쓰기를 불러 주세요. 아이가 학습을 대하는 태도가 바뀔 거예요.

　이 책은 쉽게 뚝딱 만들어지지 않았어요. 수년간 학교에서 맞춤법을 가르치면서 아이들이 쉽게 이해하는 방법을 연구했고, 방과 후에도, 방학 중에도 몇 번이나 아이들을 가르치면서 아이들의 반응을 확인했어요. 아이들이 조금이라도 설명을 이해하지 못하면 설명 방식을 바꾸거나, 어려운 문장은 고치고 또 반응을 확인했지요.

　받아쓰기 예문 하나도 허투루 쓰지 않았어요. 국어사전의 예문을 살펴보고, 책과 신문 기사를 읽으며 배움에 효과적인 문장, 마음이 따뜻해지는 문장, 아이들이 소소하게 웃을 수 있는 문장을 고르고 골랐어요. 아이들은 짧은 문장 하나에 영향을 받기도 하니까요. 문장 하나를 쓰는 데 한 시간이 걸리기도 했답니다.

　더군다나 출판사에서 어벤져스라고 불리는 실력 있는 편집팀과 함께 머리를 맞대고 책을 만들었기에 저는 이 책의 효과가 분명할 거라고 자신해요. 이 책이 진심으로 아이들에게 큰 도움이 되기를 바랍니다.

풀꽃 선생님이 직접
받아쓰기를 불러 준답니다.
QR 코드를 찍어 보세요!

 **부모님께서 불러주시는 순서대로, 받아쓰기를 해 봅시다.**

글씨는 반듯하게 써요!

| 1 |
| 2 |
| 3 |
| 4 |
| 5 |
| 6 |
| 7 |
| 8 |
| 9 |
| 10 |

점수 :   점

원래 실수하고 틀리면서 배우는 거야♡

잘하지 못해도 노력하는 것 자체가 큰 배움이지!

틀린 것은 세 번씩 적으며, 실력을 높여 봅시다.

오히려 좋아!

틀린 문제는
기억에 더 오래 남거든♡

 **부모님께서 불러주시는 순서대로, 받아쓰기를 해 봅시다.**

글씨는 반듯하게 써요!

1										
2										
3										
4										
5										
6										
7										
8										
9										
10										

점수 :   점

원래 실수하고 틀리면서 배우는 거야♡

잘하지 못해도 노력하는 것 자체가 큰 배움이지!

틀린 것은 세 번씩 적으며, 실력을 높여 봅시다.

오히려 좋아!

틀린 문제는
기억에 더 오래 남거든♡

 부모님께서 불러주시는 순서대로, 받아쓰기를 해 봅시다.

글씨는 반듯하게 써요!

1											
2											
3											
4											
5											
6											
7											
8											
9											
10											

점수 :   점

원래 실수하고 틀리면서 배우는 거야♡

잘하지 못해도 노력하는 것 자체가 큰 배움이지!

틀린 것은 세 번씩 적으며, 실력을 높여 봅시다.

오히려 좋아!

틀린 문제는
기억에 더 오래 남거든♡

 부모님께서 불러주시는 순서대로, 받아쓰기를 해 봅시다.

글씨는 반듯하게 써요!

1										
2										
3										
4										
5										
6										
7										
8										
9										
10										

점수 :   점

틀린 것은 세 번씩 적으며, 실력을 높여 봅시다.

오히려 좋아!

틀린 문제는
기억에 더 오래 남거든 ♡

 부모님께서 불러주시는 순서대로, 받아쓰기를 해 봅시다.

글씨는 반듯하게 써요!

1										
2										
3										
4										
5										
6										
7										
8										
9										
10										

점수 :   점

원래 실수하고 틀리면서 배우는 거야♡

잘하지 못해도 노력하는 것 자체가 큰 배움이지!

틀린 것은 세 번씩 적으며, 실력을 높여 봅시다.

오히려 좋아!

틀린 문제는
기억에 더 오래 남거든♡

 부모님께서 불러주시는 순서대로, 받아쓰기를 해 봅시다.

글씨는 반듯하게 써요!

1										
2										
3										
4										
5										
6										
7										
8										
9										
10										

점수 :   점

원래 실수하고 틀리면서 배우는 거야♡

잘하지 못해도 노력하는 것 자체가 큰 배움이지!

틀린 것은 세 번씩 적으며, 실력을 높여 봅시다.

오히려 좋아!

틀린 문제는
기억에 더 오래 남거든♡

 부모님께서 불러주시는 순서대로, 받아쓰기를 해 봅시다.

글씨는 반듯하게 써요!

1										
2										
3										
4										
5										
6										
7										
8										
9										
10										

점수 :   점

원래 실수하고 틀리면서 배우는 거야♡

잘하지 못해도 노력하는 것 자체가 큰 배움이지!

틀린 것은 세 번씩 적으며, 실력을 높여 봅시다.

오히려 좋아!

틀린 문제는
기억에 더 오래 남거든♡

 **부모님께서 불러주시는 순서대로, 받아쓰기를 해 봅시다.**

글씨는 반듯하게 써요!

1											
2											
3											
4											
5											
6											
7											
8											
9											
10											

점수 :   점

틀린 것은 세 번씩 적으며, 실력을 높여 봅시다.

오히려 좋아!

틀린 문제는
기억에 더 오래 남거든♡

 부모님께서 불러주시는 순서대로, 받아쓰기를 해 봅시다.

글씨는 반듯하게 써요!

1											
2											
3											
4											
5											
6											
7											
8											
9											
10											

점수 :   점

원래 실수하고 틀리면서 배우는 거야♡

잘하지 못해도 노력하는 것 자체가 큰 배움이지!

틀린 것은 세 번씩 적으며, 실력을 높여 봅시다.

오히려 좋아!

틀린 문제는
기억에 더 오래 남거든♡

 부모님께서 불러주시는 순서대로, 받아쓰기를 해 봅시다.

글씨는 반듯하게 써요!

1											
2											
3											
4											
5											
6											
7											
8											
9											
10											

점수 :   점

틀린 것은 세 번씩 적으며, 실력을 높여 봅시다.

오히려 좋아!

틀린 문제는
기억에 더 오래 남거든♡

 **부모님께서 불러주시는 순서대로, 받아쓰기를 해 봅시다.**

글씨는 반듯하게 써요!

1										
2										
3										
4										
5										
6										
7										
8										
9										
10										

점수 :   점

원래 실수하고 틀리면서 배우는 거야♡

잘하지 못해도 노력하는 것 자체가 큰 배움이지!

틀린 것은 세 번씩 적으며, 실력을 높여 봅시다.

오히려 좋아!

틀린 문제는
기억에 더 오래 남거든♡

 **부모님께서 불러주시는 순서대로, 받아쓰기를 해 봅시다.**

글씨는 반듯하게 써요!

1										
2										
3										
4										
5										
6										
7										
8										
9										
10										

점수 :   점

원래 실수하고 틀리면서 배우는 거야♡

잘하지 못해도 노력하는 것 자체가 큰 배움이지!

틀린 것은 세 번씩 적으며, 실력을 높여 봅시다.

오히려 좋아!

틀린 문제는
기억에 더 오래 남거든♡

부모님께서 불러주시는 순서대로, 받아쓰기를 해 봅시다.

글씨는 반듯하게 써요!

1											
2											
3											
4											
5											
6											
7											
8											
9											
10											

점수 :   점

원래 실수하고 틀리면서 배우는 거야♡

잘하지 못해도 노력하는 것 자체가 큰 배움이지!

틀린 것은 세 번씩 적으며, 실력을 높여 봅시다.

오히려 좋아!

틀린 문제는
기억에 더 오래 남거든♡

 부모님께서 불러주시는 순서대로, 받아쓰기를 해 봅시다.

글씨는 반듯하게 써요!

1										
2										
3										
4										
5										
6										
7										
8										
9										
10										

점수 :   점

원래 실수하고 틀리면서 배우는 거야♡

잘하지 못해도 노력하는 것 자체가 큰 배움이지!

틀린 것은 세 번씩 적으며, 실력을 높여 봅시다.

오히려 좋아!

틀린 문제는
기억에 더 오래 남거든♡

 **부모님께서 불러주시는 순서대로, 받아쓰기를 해 봅시다.**

글씨는 반듯하게 써요!

1											
2											
3											
4											
5											
6											
7											
8											
9											
10											

점수 :   점

틀린 것은 세 번씩 적으며, 실력을 높여 봅시다.

오히려 좋아!

틀린 문제는
기억에 더 오래 남거든♡

 **부모님께서 불러주시는 순서대로, 받아쓰기를 해 봅시다.**

글씨는 반듯하게 써요!

1										
2										
3										
4										
5										
6										
7										
8										
9										
10										

점수 :   점

원래 실수하고 틀리면서 배우는 거야♡

잘하지 못해도 노력하는 것 자체가 큰 배움이지!

틀린 것은 세 번씩 적으며, 실력을 높여 봅시다.

오히려 좋아!

틀린 문제는
기억에 더 오래 남거든♡

 **부모님께서 불러주시는 순서대로, 받아쓰기를 해 봅시다.**

글씨는 반듯하게 써요!

1													
2													
3													
4													
5													
6													
7													
8													
9													
10													

점수 :   점

원래 실수하고 틀리면서 배우는 거야♡

잘하지 못해도 노력하는 것 자체가 큰 배움이지!

틀린 것은 세 번씩 적으며, 실력을 높여 봅시다.

오히려 좋아!

틀린 문제는
기억에 더 오래 남거든♡

 **부모님께서 불러주시는 순서대로, 받아쓰기를 해 봅시다.**

글씨는 반듯하게 써요!

1												
2												
3												
4												
5												
6												
7												
8												
9												
10												

점수 :　　　　　점

틀린 것은 세 번씩 적으며, 실력을 높여 봅시다.

오히려 좋아!

틀린 문제는
기억에 더 오래 남거든♡

 **부모님께서 불러주시는 순서대로, 받아쓰기를 해 봅시다.**

글씨는 반듯하게 써요!

1												
2												
3												
4												
5												
6												
7												
8												
9												
10												

점수 :   점

원래 실수하고 틀리면서 배우는 거야♡

잘하지 못해도 노력하는 것 자체가 큰 배움이지!

틀린 것은 세 번씩 적으며, 실력을 높여 봅시다.

오히려 좋아!

틀린 문제는
기억에 더 오래 남거든♡

 **부모님께서 불러주시는 순서대로, 받아쓰기를 해 봅시다.**

글씨는 반듯하게 써요!

1												
2												
3												
4												
5												
6												
7												
8												
9												
10												

점수 :   점

원래 실수하고 틀리면서 배우는 거야♡

잘하지 못해도 노력하는 것 자체가 큰 배움이지!

틀린 것은 세 번씩 적으며, 실력을 높여 봅시다.

오히려 좋아!

틀린 문제는
기억에 더 오래 남거든 ♡

 **부모님께서 불러주시는 순서대로, 받아쓰기를 해 봅시다.**

글씨는 반듯하게 써요!

1.
2.
3.
4.
5.
6.
7.
8.
9.
10.

점수 :   점

원래 실수하고 틀리면서 배우는 거야♡

잘하지 못해도 노력하는 것 자체가 큰 배움이지!

틀린 것은 세 번씩 적으며, 실력을 높여 봅시다.

오히려 좋아!

틀린 문제는
기억에 더 오래 남거든♡

 부모님께서 불러주시는 순서대로, 받아쓰기를 해 봅시다.

글씨는 반듯하게 써요!

1											
2											
3											
4											
5											
6											
7											
8											
9											
10											

점수 :   점

원래 실수하고 틀리면서 배우는 거야♡

잘하지 못해도 노력하는 것 자체가 큰 배움이지!

틀린 것은 세 번씩 적으며, 실력을 높여 봅시다.

오히려 좋아!

틀린 문제는
기억에 더 오래 남거든♡

 부모님께서 불러주시는 순서대로, 받아쓰기를 해 봅시다.

글씨는 반듯하게 써요!

1												
2												
3												
4												
5												
6												
7												
8												
9												
10												

점수 :   점

원래 실수하고 틀리면서 배우는 거야♡

잘하지 못해도 노력하는 것 자체가 큰 배움이지!

틀린 것은 세 번씩 적으며, 실력을 높여 봅시다.

오히려 좋아!

틀린 문제는
기억에 더 오래 남거든♡

 **부모님께서 불러주시는 순서대로, 받아쓰기를 해 봅시다.**

글씨는 반듯하게 써요!

1												
2												
3												
4												
5												
6												
7												
8												
9												
10												

점수 :   점

원래 실수하고 틀리면서 배우는 거야♡

잘하지 못해도 노력하는 것 자체가 큰 배움이지!

틀린 것은 세 번씩 적으며, 실력을 높여 봅시다.

 **부모님께서 불러주시는 순서대로, 받아쓰기를 해 봅시다.**

글씨는 반듯하게 써요!

1													
2													
3													
4													
5													
6													
7													
8													
9													
10													

점수 :   점

틀린 것은 세 번씩 적으며, 실력을 높여 봅시다.

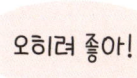
오히려 좋아!

틀린 문제는
기억에 더 오래 남거든♡

 부모님께서 불러주시는 순서대로, 받아쓰기를 해 봅시다.

글씨는 반듯하게 써요!

1											
2											
3											
4											
5											
6											
7											
8											
9											
10											

점수 :   점

원래 실수하고 틀리면서 배우는 거야♡

잘하지 못해도 노력하는 것 자체가 큰 배움이지!

틀린 것은 세 번씩 적으며, 실력을 높여 봅시다.

오히려 좋아!

틀린 문제는
기억에 더 오래 남거든♡

 **부모님께서 불러주시는 순서대로, 받아쓰기를 해 봅시다.**

글씨는 반듯하게 써요!

1										
2										
3										
4										
5										
6										
7										
8										
9										
10										

점수 :   점

틀린 것은 세 번씩 적으며, 실력을 높여 봅시다.

오히려 좋아!

틀린 문제는
기억에 더 오래 남거든♡

 **부모님께서 불러주시는 순서대로, 받아쓰기를 해 봅시다.**

글씨는 반듯하게 써요!

1												
2												
3												
4												
5												
6												
7												
8												
9												
10												

점수 :   점

원래 실수하고 틀리면서 배우는 거야♡

잘하지 못해도 노력하는 것 자체가 큰 배움이지!

틀린 것은 세 번씩 적으며, 실력을 높여 봅시다.

 **부모님께서 불러주시는 순서대로, 받아쓰기를 해 봅시다.**

글씨는 반듯하게 써요!

1.
2.
3.
4.
5.
6.
7.
8.
9.
10.

점수 :   점

원래 실수하고 틀리면서 배우는 거야♡

잘하지 못해도 노력하는 것 자체가 큰 배움이지!

틀린 것은 세 번씩 적으며, 실력을 높여 봅시다.

오히려 좋아!

틀린 문제는
기억에 더 오래 남거든♡

제 2025 - 001호

고수 인증서

학년　　　　반

이름

위 어린이는 맞춤법 공부를 열심히 하여

수준급 맞춤법 실력을 가졌으며,

게으름 부리지 않고 성실히 학습하여

큰 감동을 주었기에

맞춤법 고수 인증서를 드립니다.

202　년　　월　　일

맞춤법 도사 福